U0081514

周易孟氏學

杭縣沈祖緜撰

章氏國學講習會印行

《周易孟氏學》《周易孟氏學遺補》《孟氏易傳授考》合刊

周易孟氏學三卷孟氏易傳授攷一卷

孫世揚敬署

周易孟氏學序

易自商瞿以來。其傳授尙矣。漢初言易者。蓋本之杜田生。其後施孟梁邱諸家朋興。永嘉之亂。施梁之易遂空。而孟氏亦無傳者。陵夷旣久。僅有單辭隻義。散見它籍。學者苦不能具總理。惠棟張惠言有作。始攷孟氏遺說。爲之理董。而馬國翰用力特勤。獨成孟氏章句三卷。視他家爲尤詳。至於抉擇是正。猶有未暇。吾友沈君瓞民。世業韋編。及君匪懈益勤。輒攬衆家之說。定其舛譌。爲周易孟氏學三卷。周易孟氏學補遺一卷。孟氏學傳授攷一卷。繁稱博引。茂於前修。研覈同異。辨及累黍。數厥懿美。故非一耑。坤之龍戰於野。豐之闃其无人。前人不能紬其義。今咸疏通證明。更無遺蘊。此一事也。天一地二節。敷析象數。條決分明。非精於天人之際。不能屬辭。此二事也。虞氏逸象。自爲家法。爲駹爲拘爲羔。不可以補孟氏。虞注具言某舊作某。其顯證也。輯家不了。悉入孟氏易中。未爲善別源流。今書並加刊落。信得體要。此三事也。它如辨商瞿傳易。六世至田何。以光羽孫虞爲兩人。論虞翻納甲。出於參同契。卽明潮汐之理。皆能卓然利解。又不獨以稱引繁博勝矣。非學有本原。其能如是乎。說文司部。詞者意內而言外也。此書偶遺。是其小失。然牛毛之覺。何足病也。維喬既受讀其書。美其言必有宗。理無旁舉。實後學之津梁。豈第孟氏之功臣已哉。聞君別有周易馬氏傳附證三卷。它日並以問世。不獨費氏家法。延於一綫。而漢易之晦。得以昭然復明。故爲敍其梗概云爾

民國二十五年孟冬愚弟蔣維喬序於因是齋

周易孟氏學自序

淮南子曰。闃其無人。非無庶衆也。言無人以統理之也。無人之難。凡事皆然。以治經而論。未有如易者也。今之言易。求其訓釋愜於心者。實不獲見也。治漢學則昧於家法。言孟喜則雜以施梁丘京房。言他家者亦然。鎔冶一鑪。自爲鴻博。不知施孟梁丘京房各有章句。雖屢經世變。學漸式微。然故書雅言。猶得窺其一二。淆亂言之。差若毫釐。謬便千里。以此治易。皆皮傳爾。漢志謂劉子政以中古文校三家易。脫无咎悔亡而已。蓋易未經秦火。今古相同。惟章句有別。孟氏之學。出於田王孫。更得易家候陰陽災異書。其學純正。故許氏偁之。迨孟易荒失。存其說者。猶賴說文。或謂許氏所偁係費氏。非孟氏。漢紀謂費氏係魯古文。荀氏家世治易。言必有徵。今攷覈紬繹。審其家法。知其所偁非費氏也。祖緜少奉庭訓。雅好是學。不揣固陋。撰周易孟氏學三卷。補遺一卷。孟氏易傳授攷一卷。輯校羣籍。鈎其放失。前賢之論。擇善而從。說有不當。更抒己意。且虞氏五世孟學。乃引虞證孟。判其同異。參伍以驗。亦有所是正。其他碎文殘字。義不可求。蓋闕如也。若夫聞見之未周。慮思之未盡。世有達者。進而教之。民

國二十五年十月沈祖緜序

周易孟氏學卷上

杭縣沈祖緜瓞民撰

乾

利見大人

孟說。禮記曲禮下。君天下曰天子。正義引許愼五經異義。天子有爵不易。孟京說。易有周人五號。帝天稱一也。王美稱二也。天子爵號三也。大君者興盛行異四也。大人者聖人德備。五也。是天子有爵。古周禮說天子無爵。同號於天。何爵之有。(許按鄭。駁不引。)

虞翻注。九二見龍在田。利見大人。侁集解引。九五飛龍在天。利見大人注。謂四已變。則五體離。離爲飛。五在天。故飛龍在天。利見大人也。謂若庖犧觀象於天。造作八卦。備物致用。以利天下。故曰飛龍在天。天下之所利見也。又見龍在田。利見大人。君德也。注。陽始觸陰。當升五爲君。時舍於二。(按時舍。文言傳。見龍在田。時舍也。)宜利天下。直方而大。德无不利。明言君德。地數始二。(按繫辭上。天一地二。地數二四六八十也。始于二。故曰始二。)故稱易曰。

祖緜按。孟京說出乾鑿度。孔子曰。易有君人五號也。(按異義。君人作周人。)帝者。天稱也。王者。美行也。(按異義。行作稱。)天子者。爵號也。大君者。與上行異也。(按與。異義作興。是也。上。異義作盛。聲通。)大人者。聖明德備也。（按聖明。異義作聖人。集解。乾卦。夫大人者注。引乾鑿度曰。聖明德備。曰大人也。是宜作聖明。論語季氏。畏大人。何晏集解。大人即聖人。是古人亦有作聖人者。此句下。乾鑿度分王。天子。大君。大人四者立論。脫奪帝一節。王詠霓曰。王天子大君大人各有釋。惟帝無之。似非完本矣。）（中略）大人者。聖人之在位者也。夫大人者。與天地合其德。易曰。見龍在田。利見大人。又曰。飛龍在天。利見大人。言德化施行。天地之和。故曰大人。此孟氏五號之說。襲乾鑿度之說也。虞氏見龍在田利見大人君德也注。其立說究宗孟氏否。不可深攷。至易曰二字。豈有象可象。乃虞氏云地數始二。故稱易曰。則過拘于象矣。且虞氏喜以旁通釋易。凡易爻。皆一爻一之變。未言爻爻遞變。旁通言兩卦反對之理。非言爻也。九家易亦以乾爲大人。如革之大人虎變。及繫辭下以通神明之德。集解所引是也。

夕惕若厲

說文敘。易偁孟氏。凡說文引易。皆孟氏家法也。說文䯧。（四篇下。骨部。）骨閒黃汁也。从骨。易聲。讀若易曰夕惕若厲。又說文夤。（七篇上。夕部。）敬惕也。从夕。寅聲。易曰夕惕若厲。

集解。引虞翻注。謂陽息三。二變離。離爲日。坤爲夕。

祖緜按。惠士奇易說。作夕惕若夤厲无咎。說文。兩舉夕惕若厲。孟氏章句如此。虞注亦未言夤。在說文。䯧當讀若惕。夤敬惕也。是明明以惕字釋夤字也。

忼龍有悔

說文忼。[十心]从心。亢聲。忼慨壯士不得志於心也。一曰易忼龍有悔。

虞翻注佚。

祖縣按說文。一曰易三字。卽或之者之意也。可證作亢作忼。猶有疑問。段注一曰易三字。乃易曰二字之誤。淺人所改也。近乎武斷。陳瑑說文攷證。疑是讀若亢龍有悔之誤。其說近是。因說文屢出讀若易之某。如棆[六篇上。木部。]讀若易卦屯之屯。如幨[七篇下。巾部。]讀若易屯卦之屯是也。申鑒俗嫌篇。陽極則亢。陰結則凝。亢則有悔。凝則有凶。釋乾坤二卦至矣。亦作亢。此其證。

時乘六龍㠯馭天

袁鈞輯駁五經異義。易孟京。春秋公羊說。天子駕六。[毛詩三之二。干旄疏。]引易經云。時乘六龍以馭天也。[公羊一。隱元年疏。]毛詩說。天子至大夫同駕四。士駕二。詩云四騵彭彭。武王所乘。龍旂承祀。六轡耳耳。魯僖所乘。四牡騑騑。周道倭遲。大夫所乘。[毛詩三之二。干旄疏。公羊一。隱元年疏。尚書七。五子之歌疏。]許慎謹案。禮王度記。天子駕六。諸侯與卿同駕四。大夫駕三。士駕二。庶人駕一。說與易春秋同。[同上。]鄭玄駁曰。周禮校人掌王馬之政。凡頒良馬而養乘之。乘馬一師四圉。四馬爲乘。此一圉者。養一馬而一師監之也。尚書顧命。諸侯入應門。皆布乘黃朱。言獻四黃馬朱鬣也。既實周天子駕六。校人則何不以馬與圉以六爲數。顧命諸侯何以不獻六馬。易經時乘六龍者。謂陰陽上下耳。豈故爲禮制。王度記云。今天子駕六者自是漢法。與古異。大夫駕三者。於經無以言之。

虞翻注佚。

祖緜按。天子駕六。許氏以孟京易。卽時乘六龍以馭天下。（按公羊傳疏原文作天下。袁鈞節去之。）係今文學家之曲說。孟欲爲博士。其說多附會經術以媚上。此其一也。鄭玄謂時乘六龍者。謂陰陽上下耳。實爲不祧之論。惠棟周易述（卷八乾彖）引鄭駁申其義曰。是鄭以時乘六龍。爲六爻乘時上下。非乘六龍也。惠氏申以六爻乘時上下二句。義訓昭然。是惠疏中之最善者也。惠又引班固幽通賦。蔡邕獨斷以釋之。反不足申其義矣。

利者義之和也

說文。（四篇下。刀部。）利。銛也。刀和然後利。易曰。利者義之和也。

虞翻注佚。

利物足吕和義

釋文孟京荀陸本作利之。

虞翻注佚。

坤

說文坤。十三篇下土部。地也。易之卦也。从土申。土位在申也。

祖縣按。孟氏以土位在申也。已以四維八干十二支言易位矣。按坤宮有未申。故曰土位在申。與其血玄黃。干寶注。坤位未申之維。按維即四維之維。淮南子天文篇。未申爲四鈎之一。又西南爲背陽之維。即坤位也。坤在未申之間。故干氏云。坤位未申之維。而氣溢酉戌之間。按酉戌與申。屬西方。金氣也。其說同。

龍戰於野

說文壬。十四篇部首。位北方也。陰極生陽。故易曰。龍戰于野。戰者。接也。象人褢妊之形。承亥壬以子生之敍也。與巫同意。壬承辛。象人脛。脛任體也。

集解坤元亨。利牝馬之貞。引虞翻注曰。謂陰極陽生。乾流坤形。坤含光大。凝乾之元。終於坤亥。出乾初子。品物咸亨。故元亨也。坤爲牝。震爲馬。初動得正。按乾初爻交坤初爻而成震也。坤卦初爻變。故曰初動。震之正位在初爻。故虞云初得正也。誤也。凡易卦是卦。爻是爻。不能以爻釋卦。

祖縣按以虞注證孟說。陰極陽生與說文陰極生陽合。此孟氏家法也。餘則不合孟氏以壬承亥。又以壬以子生之敍。又以壬承辛。皆以四維八干十二支釋所謂壬承亥。又壬以子生之敍是干承子而言也壬承辛是干承干而言也虞氏謂終于坤亥。出乾初子。以十二月辟卦解終于坤亥者。十月亥辟卦爲坤。亥爲支之終故也出乾初子者坤初六變爲復。十一月建子。辟卦爲復爲子支之初。故曰初子。坤復乾體。故曰出乾。是以辟卦釋也。與參同契黃鍾建子。歸於坤元義同。釋文易字。引虞翻注參同契。字从日下月。故虞義辟卦納甲。皆宗參同契也。雖孟氏亦主卦氣。辟卦爲卦氣中之一事。虞氏以辟卦釋容何傷。不知正文言坤之卦辭而注涉坤之初六爻辭乾爲馬則坤爲牝馬虞氏以震爲馬卦無坤象欲自圓其說以震爲馬由初動得正而來卦與爻混而爲一矣。

臣弒其君

說文弒。（三篇下殺部）臣殺君也。易曰。臣弒其君。从殺省式聲。

集解引虞翻注。坤消至二。艮子弒父。至三成否。坤臣弒君。上下不交。天下无邦。故子弒父。臣弒君也。

祖緜按。弒孟虞均作弒。今文作試。漢博士之說也。史記太史公自敘引易曰。臣弒君。子弒父。非一朝一夕之故也。亦作弒。太史公受易於楊何。是楊氏亦作弒也。

屯

屯剛柔始交而難生

說文屯。一篇下。屮部。難也。屯象艸木之始生。屯然而難。从屮貫一。屈曲之也。一地也。易曰。屯剛柔始交而難生。

集解引虞翻注。乾剛坤柔。坎二交初。故始交。確然難拔。故難生也。

祖縣按。說文釋屯字。虞氏以坎二交初。故初交。以屯爲坎宮二世說立說。惟孟氏全文未見。虞氏宮世之說。是否孟氏家法。雖不可考。然許氏孟京並偁。漢書藝文志易傳亦孟京並偁。則京氏宮世之說。孟亦相同。爾至虞氏乾剛坤柔之說。出雜卦。此四字卦卦可以依附。爻爻可以旁通。立說之不嚴。未有如四字之甚也。後人申虞義者。咸以游移兩可之說出之。謂乾交坤。故謂之交。凡卦之爻皆交也。以虞注互證孟氏。其說未能符合。

乘馬班如

說文驙。十篇上。馬部。駗驙也。从馬。亶聲。易曰。乘馬驙如。

集解。乘馬班如。引虞翻注曰。屯邅。按說文無邅字。卽趲。盤桓。謂初也。震爲馬作足。二乘初。故乘馬班蹎也。馬不進。故班如矣。

祖緜按。驙。虞作班。與通行本同。惟虞注屯邅下又云。班蹎及故班如矣。似虞氏以邅釋屯而爻仍作班也。班。說文。分瑞玉。从玨。从刀。左傳襄十八年。有班馬之聲。齊師其遁。呂氏春秋仲夏紀。班馬正。淮南子時則篇同。班亦作般。釋文。易屯。乘馬班如。鄭作般。又書分器序。班宗彝。釋文。班本作般。或爲辨。儀禮士虞禮。明日以其班祔。注。古文班。或爲辨是也。

匪寇婚媾

說文。媾。十二篇下。女部。重婚也。从女。冓聲。易曰。匪寇婚媾。

集解引虞翻注云。匪。非也。寇。謂五。坎爲寇盜。應在坎。故匪寇。

祖緜按。虞氏注。媾字未釋。不能與孟氏互證同異。屯求婚媾。釋文引馬融注。媾。重婚。國語晉語。今將婚媾。以從秦。韋昭注。重婚曰媾。左傳隱十一年。如舊婚媾。又昭二十五年。爲父子兄弟姑姊甥舅昏媾姻亞。注皆云。重昏曰媾。與說文同。

泣涕㦁如

說文。㦁。十篇下。心部。泣下也。从心。連聲。易曰。泣涕㦁如。釋文作漣。說文云。泣下也。

虞翻注佚。集解象曰。泣血漣如。何可長也。引虞翻注。謂三變時離爲目。坎爲血。震爲出。血流出目。故泣血漣如。柔乘於剛。故不可長也。

祖綵按。易泣血漣如。說文血作洟。段引詩雨無正傳曰。無聲曰泣血。檀弓注曰。泣無聲如血出。九家易體坎爲血。伏離爲目。互艮爲手。掩目流血。泣之象也。是爻柔居於上。又無九三之可求。故同爲乘馬。而獨云泣血也。二之班如。比初也。四之班如。比五也。六之班如。亦比五也。陰陽聯班之象也。但六二比初。已有乘剛之難。然尚有九五後來援應。至上六比五。但有乘剛之難。而終無所遇。故悲傷特甚。論象。坎水之陰爲血。自初至五象離目。陰水出目外象泣。則宜从易血爲塙。漣說文作㥨。釋文引說文作漣。（按說文十一篇上。漣瀾或從連。同瀾。）集解引虞翻注亦作漣。惠棟九經古義謂漣本波瀾之字。詩漸漸之石箋。涉入水之波漣矣。釋文。一本作瀾。詩伐木河水清且漣猗。爾雅釋水注。作河水清且瀾漪。是其證。

蒙

再三瀆

說文瀆。（十篇上。黑部。）握持垢也。从黑。賣聲。易曰。再三瀆。

虞翻注佚。

祖緜按。今本作瀆。集解引崔憬注。瀆。古黷字也。釋文。論語雍也何晏集解。瀆今作黷。易無今古文之別。說文易偁孟氏者。疑施梁丘京三氏經文或有改竄。孟氏尚無此病爾。證以黷字。知孟氏亦用今文矣。集解繫辭下。下交不瀆。引虞翻注。云四失位諂瀆。又云。下謂交三。坎爲瀆。故下交不瀆。是虞作瀆。不作黷也。

以往吝

說文。吝。（二篇上。口部。）恨惜也。从口。文聲。易曰。以往吝。又說文。遴。（二篇下。辵部。）行難也。易曰。以往遴。

集解引虞翻注。之應歷險。故以往吝。吝。小疵也。

祖緜按。說文吝遴兩出。虞注作吝。釋文於說卦爲吝下。京作遴。豈與孟氏同歟。漢書高惠高后文功臣表注。晉灼引許愼云。遴。難行也。是其證。說文作行難。晉灼引作難行。難行行難。義得兩通。

需

雲上于天需

說文。需。（十一篇下。雨部。）䇓也。遇雨不進。止䇓也。从雨而。易雲上于天需。

虞翻注佚。

祖縣按說文𡨋。十篇下。立部。立而待也。按立而兩字段注依韻會補。象曰。需須也。𡨋即須之叚借。雜卦曰。需不進也。與遇雨不進止合。

需于沙

趙振芳易原。孟喜本沙下有衍字。

祖縣按。孟說諸本未引。趙氏不知據何書。

訟

食舊德

毛詩十六之一。文王之什。凡周之世。不顯與世疏。禮記十一王制。外諸侯之嗣也。疏同。引異義。卿得世。又公羊穀梁說。卿大夫世。則權并一姓。妨塞賢路。專政犯君。故經譏尹氏齊氏。按此氏字衍。崔氏也。左氏說。卿大夫。得世祿。不得世位。父為大夫死。子得食其故采。而有賢才。則得升父故位。故傳曰。官有世功。則有官族。謹案。易爻位。三為三公。二為卿大夫。曰食舊德。食舊德謂食父故祿也。

集解引虞翻注。乾為舊德。食為初四。二已變之正。三動得位。體噬嗑食。四變食乾。故食舊德。

祖縣按。乾鑿度曰。初爲元士。二爲大夫。三爲三公。四爲諸侯。五爲天子。上爲宗廟。凡此六者。陰陽所以進退。君臣所以升降。萬人（按人避唐諱改。應作民。）所以爲象則也。異義三爲三公。二爲卿大夫。（按王制疏無此句。）本乾鑿度。許引是乾鑿度。孟說旣不可攷。以乾利見大人條證之係引乾鑿度。此亦引乾鑿度。前云易孟京。此不言孟京。惟正義句有脫奪顚到。上下者。以此兩疏詩禮互校。可知也。虞注與異義不能相謀。

或錫之㠯鞶帶

說文。鞶。（三篇下。革部。）大帶也。易曰。或錫之㠯鞶帶。男子帶鞶。女子帶絲。从革。般聲。

集解引虞翻注。錫謂王之錫命。鞶帶。大帶。男子鞶革。初四已易位。三二之正。（按張惠言虞氏義。二五初四易。上有巽象。時三未變。三蓋衍字。）巽爲要帶。（按要古腰字。）故鞶帶。

祖縣按。虞注。大帶。男子鞶革。與說文同。此宗孟氏。釋文帶作帶。說文無俗字也。晁氏以爲篆字誤。

師

禮記十三王制疏。按異義。禮戴記王制云。五十不從力政。六十不與服戎。易孟氏。韓詩記。

年二十行役。三十受兵。六十還兵。古周禮說國中自七尺。以及六十。野自六尺。以及六十有五。皆征之。

小畜

輿說輹

說文輹。十四篇上．車部．車軸縛也。从車。复聲。易曰。輿脫輹。

集解引虞翻注。豫坤爲車。爲輹。至三成乾。坤象不見。故車說輹。馬君及俗儒皆以乾爲車。非也。

祖縣按。虞義不合孟氏家法。虞氏之意。以爲。小畜旁通豫。卽六爻之變也。豫坤下震上。說卦坤爲腹。張惠言引江承之云。輹正字。當作腹。輿也。與大畜同。馬融說佚。此云馬君及俗儒以乾爲車。誤也。釋文引馬融輹作輻。車下縛也。與說文字異而義略同。至俗儒亦未知指何家易也。脫。說文四篇下．肉部．消肉臞也。惟段注以爲解脫之脫。當用挩。

月幾望

趙振芳易原。幾作近。孟荀一行本作旣。

祖縣按。趙氏引孟。不詳據何書。晁氏曰。子夏傳京劉一行作近。而無孟字。而說又與趙氏異。孟作旣。說見中孚月幾望條。

履

眇能視

釋文引說文。眇小目。與說文四篇上目部。解字同。

集解引虞翻注。離目不正。兌爲小。故眇而視。視上應也。

祖縣按。說文解眇字。未引易。虞氏以小目爲眇。義與說文同。

履虎尾愬愬

說文虩。五篇上虎部。易履虎尾虩虩。虩虩恐懼也。一曰蠅虎也。从虎。㷊聲。

集解引虞翻注。體與下絕。四多懼。故愬愬。

祖縣按。釋文愬愬山革反。子夏傳云。恐懼貌。何休注。公羊傳云。驚愕也。按宣六年。靈公望見趙盾愬而再拜。注。愬者。驚貌。馬本作虩虩。音許逆反。又云。恐懼也。說文同。廣雅云。懼也。足證愬與虩字異而實同。愬說文無。卽𧬄字。或以爲愬爲今文。虩爲古文。證以𧬄字亦非也。愬爲𧬄之省。震卦辭。震來虩虩。又初六震來虩虩。彖震來虩虩。虞注皆以四失位多懼。釋在震。作虩在此。作愬不作虩。與孟說異。釋文震來虩虩。荀作愬愬。是音通也。呂氏愼大覽作愬愬履虎尾終吉。則從諰之省也。

泰

包巟用馮河

說文巟。（十一篇下·巛部。）水廣也。从巛。亡聲。易曰。包巟用馮河。

虞翻注佚。象曰。包巟得尙于中行。集解引虞注云。在中稱巟。巟。大川也。

祖縣按。巟。今本作荒。虞作巟。宗孟氏也。荒說文。荒。（一篇下·艸部。）蕪也。从艸。巟聲。一曰艸掩地也。與巟義異。此宜作巟字。

城復于隍

說文隍。（十四篇下·𨸏部。）城池也。有水曰池。無水曰隍。从𨸏。皇聲。易曰。城復于隍。

集解引虞翻注云。否艮爲城。故稱城。坤爲稱土。隍城下溝。無水稱隍。有水稱池。

祖縣按。虞注。無水稱隍。有水稱池。與孟氏同。否艮爲城。否者泰之旁通也。艮者。上六變爲艮也。

同人

同人于宗吝

通典卷六十。引五經異義。許慎謹按。易曰。同人于宗吝。言同姓相娶吝道也。卽犯誅絕之罪。五屬之內。禽獸行乃當絕。

虞翻注佚。

祖緜按。惠棟周易述。補虞義。乾爲宗。又據許慎異義王逸楚詞注以補之曰。二五同性故爲宗。合義不合姓。合姓吝也。故曰同人于宗吝。虞翻注繫辭。二人同心。其利斷金。云。二人謂夫婦。震爲夫。巽爲婦。又云。夫出婦處。婦默夫語。故同心也。集解引荀爽注。陰道貞靜。從一而終。今宗同之。故吝也。荀說亦本孟氏白虎通嫁娶篇。不娶同姓者。重人倫。防淫佚。恥與禽獸同也。義允。

豫

利建侯

毛詩疏十九之二。臣工。引五經異義曰。公羊說。諸侯不純臣。左氏說。諸侯者天子蕃衛。純臣。許慎謹案。禮王者不純臣者。謂彼人爲臣者。皆非己德所及。易曰。利建侯。侯者。王所親建。純臣也。鄭玄駁曰。賓者敵主人之稱。而禮諸侯見天子。稱之曰賓。不純臣諸侯之明文矣。

集解引虞翻注。復初之四。與小畜旁通。坤爲邦國。震爲諸侯。初至五體比象。四利復初。故利建侯。

祖緜按。許氏主左氏說古文也。鄭氏主公羊說今文也。今左氏公羊二傳。均未見其文。疑漢書藝文志左氏微。公羊雜說中之文也。許氏引禮。其文亦未見經傳。疑古經語也。引易用孟氏。係師說。非章句也。故不能與虞氏互證

殷薦之上帝

說文作樂之盛稱殷。（八篇上。身部。）从㐆殳。易曰。殷薦之上帝。

虞翻注佚。

盱

說文盱。（四篇上。目部。）張目也。

虞翻注佚。

祖緜按。此係陸氏引說文解盱字也。馬國翰孟氏章句輯入誤。許君解此字。未嘗引易。

朋盍戠

馬國翰輯孟氏章句。引釋文。簪。虞作戠。叢合也。馬以爲虞氏先世治孟氏易。以虞作戠。即

爲孟氏家法非也虞因小吏陳桃夢見道士後已不守孟氏家法矣說文先（八篇下首部）首笄也从儿匕象形凡先之屬皆从先簪俗先从竹从簪許氏併俗卽指今文也集解引虞翻注小畜兌爲朋盍合也坤爲盍戠聚會也坎爲聚坤爲衆衆陰竝應故朋盍戠戠舊讀作撍作宗也

祖緜按釋文戠叢合也集解戠聚會也在唐時虞翻說已有二矣釋文以叢合解戠集解以合解盍非釋戠字也說文戠（十二篇下戈部）義闕段氏以爲蓋後人箋記之語非許語也其說亦不足信又謂舊讀撍釋文京作撍說文亦无是簪與撍卽先之俗也虞治孟氏易注中凡引諸家之說皆揭姓氏或俗儒至舊讀實孟氏家法作撍作宗孟氏本在虞翻時已有兩說矣

觀

地可觀者莫可觀於木

說文相（四篇上目部）省視也从目木易曰地可觀者莫可觀於木詩曰相鼠有皮

祖緜按此佚易也漢書藝文志孟喜京房十一篇中語也或以爲序卦傳語其文不類

噬嗑

噬乾䏑

說文䏑。四篇下。肉部。食所遺也。从肉。仕聲。易曰。噬乾䏑。胏。楊雄說。䏑从𠂔。重文也。

虞翻注佚。

祖縣按。字林云。䏑。食所遺也。與說文同。

賁

觀乎天文吕察時變

說文示。一篇上。部首。天垂象。見吉凶。所以示人也。二𠂹。日月星也。觀乎天文以察時變。示。神事也。

集解。引虞翻注。日月星辰。爲天文也。泰震春兌秋。賁坎冬離夏。巽爲進退。日月星辰進退盈縮。謂朓側朒也。歷象在天成變。故以察時變也。

祖縣按。賁爲三陰三陽之卦。故虞注以泰言之。賁二之上。卽泰也。惠棟周易述疏虞義曰。體離艮。互坎離。日坎月。艮星。故曰日月星辰爲天文也。時。四時也。泰互震兌。故震春兌秋。賁有坎離。故坎冬離夏。巽陽已進。而陰已退。故爲進退。日月星辰。有進退盈縮。艮星。說卦傳未著於象。惠棟易漢學虞氏逸象。艮爲星。注云。艮主斗。斗建十二辰。艮爲人。

斗合於人統。朱子發引仲翔注曰。離艮爲星。離爲日。非星也。朱誤讀虞注耳。又爲斗。注艮上値斗。九家易曰。艮數三。七九六十三。三生斗。惠氏補逸象係爻辰艮宮有寅寅支三也。在十二辰爲正月。(按夏時也。)斗指寅而立春。寅爲人統。虞義。日月星辰本三。垂日月星。宗孟氏說也。

賁如皤如

說文。皤。(七篇下。白部。)老人白也。从白。番聲。易曰。賁如皤如。

虞翻注佚。

祖緜按。說文。老人白也。釋文引說文。作老人皃。文選(一卷)東都賦辟雍詩注。後漢班固傳注。引說文與釋文同。御覽三八八。引作老人色也。疑白係皃脫儿。色係皃之誤。書皃字能兼白義。似宜从之。

无妄

不菑畬

說文。菑。(一篇下。艸部。)不耕田也。从艸田。巛聲。易曰。不菑畬。又畬。(十三篇下。田部。)二歲治田也。从田。余聲。易曰。不菑畬田。

集解引虞翻注。田在初。一歲曰菑。在二。三歲曰畬。初爻非坤。故不菑而畬。

祖縣按。說文二引。田部不菑畬田。汲古閣本以田爲衍文。段氏據宋本仍之。愚以爲非也。禮坊記引作。不菑畬凶。田係囟字之筆誤。爾若作田。無此句法。畬爾雅釋地。野三歲曰畬。馬融从之。見釋文是畬在漢人。已有二歲三歲之分矣。虞氏此注是宗孟氏。惟一歲在初。二歲在二。孟氏家法是否如此。則不能攷矣。惟不菑而畬。似虞氏以不菑句。畬句非也。且云初爻非坤。故不菑而畬。无妄下震。故初爻非坤。坤爲地。地能菑。今非坤。故不畬。而二爻雖坤之正位。然變坎。坎爲冬。又何能畬。疑而字衍爾。

大畜

輿說輹

說文輹。段注。以爲與小畜輿脫輹同。

集解。輹作腹。引虞翻注。萃坤爲車。爲腹。坤消乾成。故車說腹。腹或作輹也。

祖縣按。孟氏章句已佚。段氏以此與小畜輿說輹同。虞氏以輹爲腹。似與小畜之輿說輹異。又云腹或作輹。或之者。疑之也。小象曰車說腹。中无尤也。集解引盧氏注。腹作輹。可證虞氏在小畜作輹。在大畜作腹也。虞氏此義以旁通釋大畜。旁通爲萃。至坤消乾成。又以消息釋也。惟以旁通取象。其義反迂。九二變離。說卦傳。離其於人也爲大腹。互坎。坎其於人也爲多眚。凡象近取諸身者。卽可遠取諸物。輿之腹。卽可以人之腹象之。腹多眚。卽脫輹之象也。其象甚明。何必以旁通釋之哉。

僮牛之告

說文告。二篇上。部首。牛觸人。角著橫木。所以告人也。从口从牛。易曰。僮牛之告。集解引虞翻注。艮爲童。五已之正。萃坤爲牛。告謂以木楅其角。大畜畜物之家。惡其觸害。艮爲手。爲小木。巽爲繩。繩縛小木。橫著牛角。故曰童牛之告。祖縣按。虞氏釋告與說文同。宗孟氏家法也。釋文。九家易亦告。僮說文與童異。虞作童。今文也。

頤

節飲食

說文卮。九篇上。部首。圜器也。一名觛。所㠯節飲食。象人卪在其下也。易曰。君子節飲食。凡卮之屬皆从卮。

虞翻注佚。

虎視眈眈

說文眈眈。四篇上目部。近視而遠志。从目冘聲。易曰。虎視眈眈。

虞翻注佚。集解。象曰。顛頤之吉。上施光也。引虞翻注。眈眈。下視皃。漢上易傳三引虞注。艮爲虎。

祖緜按。眈眈。說文。近視而遠志。虞注。下視貌。義略同。張惠言虞氏義。以小象之注。移置六四爻並引上己反三成離。故上施光也。失之。漢上易傳引虞義。艮爲虎。艮宮寅支寅爲虎也。釋文。眈眈。丁南反。威而不猛也。馬曰。下視皃。一音大南反。是虞从馬氏說。不宗孟也。

其欲逐逐

馬國翰輯孟氏章句。篴式六反。釋文劉作篴。遠也。說文式六反。

集解引虞翻注。逐逐。心煩貌。

祖緜按。馬氏以釋文劉表本淆入。非也。劉作篴。釋文以說文式六反。正其音。非孟氏章句。作篴也。

大過

老婦得其士夫

集解。引虞翻注。舊說以初爲女妻。上爲老婦誤矣。馬君亦然。荀公以初陰失正當變。數六爲女妻。二陽失正數九爲老夫。以五陽得正位不變。數七爲士夫。上陰得正。數八爲老婦。此何異俗說也。悲夫學之難。而以初本爲小。反以上末爲老。後之達者。詳其義焉。

祖緜按。虞氏所謂舊說。實孟氏說也。

坎

入于坎窞

說文。窞。（七篇下。穴部。）坎中更有坎也。从穴臽。臽亦聲。易曰。入于坎窞。一曰旁入也。

集解。象曰。習坎入坎。失道凶也。坎中小穴稱窞

祖緜按。虞注。坎中小穴稱窞。與說文坎中更有坎也意同。釋文引字林。坎中小坎。一曰旁入。與說文同。

禔既平

說文。禔。（一篇上。示部。）安也。从示。是聲。易曰。禔既平。

集解。引虞翻注。坎爲平。禔。安也。艮止坤安。故禔既平。

祖緜按。虞氏此注宗孟氏。禔。今本作祇。

離

畜牝牛吉

說文。牝。（二篇上。牛部。）畜母也。从牛。匕聲。易曰。畜牝牛吉。

集解引虞翻注。畜養也。坤爲牝牛。乾二五之坤。成坎體頤養象。故畜牝牛。俗說皆以離爲牝牛失之矣。

祖緜按。虞翻此注。與孟氏異。集解是以畜牝牛吉也。引荀爽注。牛者土也。生土於火。離者陰卦。牝者陰性。故曰畜牝牛吉矣。是虞氏所謂俗儒似指荀爽言也。

百穀艸木麗於土

說文。䕻。（一篇下。艸部。）艸木相附䕻土而生。从艸。麗聲。易曰。百穀艸木䕻於土。（按从汲古閣仿北宋版說文校正。段氏說文。部敍竄改。不可爲據。）

集解引虞翻注。震爲百穀。巽爲艸木。坤爲地。乾二五之坤。成坎。震體屯。屯者盈也。盈天地之間者。唯萬物。萬物出震。故百穀艸木麗乎地。

祖緜按。段玉裁說文解字注一篇艸部。䕻字解。䕻艸木生箸土。从艸麗聲。易曰。百穀艸木麗於地。與汲古閣刻仿北宋說文本大異。孫星衍重刻宋本說文同。唯土作地。段當不至無所見而淺陋若是。離麗也。卦體本乾。故曰天。離爲日。伏坎爲月。皆光明象也。附麗於天則以天爲陽。日月爲陰也。中陰本乎坤。故曰土。互巽兌爲百穀艸木。是以附麗於地也。上象天。故从麗。下象地。故从麗。麗。虞氏易作麗。今本同。義宜从說文爲正。段說不足取也。

日𣅟之離

說文𣅟。七篇上。日部。日在西方時側也。从日。仄聲。易曰日𣅟之離。

虞翻注佚。

突如其來如

說文𠫓。十四篇下。部首。不順忽出也。从到子。易突如其來如。不孝子突出不容於內也。𠫓。即易突字也。

虞翻注佚。

祖緜按。說文𠫓字下解突。突字下不解𠫓。則孟氏易从突不从𠫓。

後學　潘承弼初校　男　延國覆校　弟子 屈懷白　後學 徐復　再覆校

周易孟氏學卷中

杭縣沈祖緜瓞民撰

咸

咸其脢

說文。脢。（肉部四篇下。）背肉也。从肉。每聲。易曰。咸其脢。

集解引虞翻注。脢。夾脊肉也。謂四已變。坎爲脊。故咸其脢。得正。故无悔。

祖緜按。說文。背。（肉部。）脊也。又胂。（肉部。）夾脊也。廣雅云。胂謂之脢。又說文。脊。（十二篇上。𠦬部。）背呂也。釋名釋形體。背。倍也。在後稱也。脊。積也。積續骨節終上下也。是夾脊肉宜謂之胂。不宜謂之脢也。虞氏以夾脊肉釋脢。究違師法。雖廣雅以脢釋脢。訓詁未塙。

咸其輔頰舌

釋文。頰。兼叶反。孟作俠。

釋文。輔。虞作酺。云耳目之閒。集解引虞翻注。耳目之閒稱輔頰。

祖緜按。虞翻注。集解引輔頰。不作俠也。釋文虞作酺。疑或本也。說文。酺。（九篇上。面部。）頰也。又輔。（十四篇上。車部。）人頰車也。春秋傳左氏曰。輔車相依。又頰。（九篇上。頁部。）面旁也。釋名。釋形體。輔車。其骨强所以輔持口也。或曰。牙車。牙所載也。或曰頷。頷。含也。口含物之車也。或曰頰車。

亦所以載物也。或鼸車。鼸鼠之食積於頰。人食似之。故取名也。凡繫於車。皆取在下載上物也。（按釋名原文不誤。諸校本反誤。）春秋左氏傳。輔車相依。服注。輔。上頷車也。與牙相依。杜預注。輔頰。輔車。牙車。疏。輔爲外骨。車是內骨。其注與疏。與釋名同。惟此爻輔頰舌是三名。非二名也。素問骨空論。骸下爲輔。左氏傳牙車疏。頰之與輔。口旁肌之名也。孟作俠。俠卽夾。（晁氏曰。案古文作夾。）春秋左氏僖二十六年傳。昔周公太公股肱周室。夾輔成王。論衡語增篇。齊淳于越進諫始皇。不封子弟功臣。自爲夾輔。後漢書劉陶傳作挾輔王室。廣雅釋詁四。押。輔也。是挾。押。與夾通。段漢書季布傳。爲任俠有名。師古注云。俠之言挾也。以權力俠輔人也。此其證。虞作酺。惠棟周易述。申虞義作輔。疏曰。輔。說文曰。頰也。尋輔近口在頰前。淮南子曰。靨輔在頰前則好。是也。（按淮南子說林篇。靨輔在頰前則好。在頰則醜。高誘注。靨。酺。頰上窐也。窐者在顋。似鬐。故醜。）耳目之閒爲權。權在輔上。故曹植洛神賦云。靨輔承權。（按文選卷十九。曹子建洛神賦。明眸善睞。靨輔承權。注云。離騷曰。靨輔奇牙。宜笑嘕些。王逸曰。美人頰有靨輔也。此離騷大招文也。王逸注。有輔一作酺。爲輔酺古通之證。）淮南子作酺。惠氏改輔。與原文異。且淮南子修務篇。奇牙出。𪗋酺搖。亦不作輔也。何必改。至說文。云酺頰也。是訓酺。不訓輔也。

滕口說也

馬國翰輯孟氏章句。滕。釋文。虞作滕。

集解引虞翻注。滕。送也。不得之三。山澤通氣。故滕口說也。

祖緜按。說文无滕字。故許氏所不偁。馬國翰凡以虞作某者。孟氏亦必作某。非也。滕今文也。儀禮大射禮滕觚于賓。注。古文滕皆作騰。此其證。又公食。衆人騰羞者。注。騰當作滕。是以今文改古文也。說文。滕（十一篇上·水部）水超涌也。从水。朕聲。以之解象義所不合。騰（十篇上·馬部）傳也。从馬。朕聲。一曰騰犗馬也。其解雖較滕爲近理。亦未盡然。易遯卦六二。莫之勝說。則滕字宜从勝也。春秋左氏昭十四年傳。曹武王名滕。史記管蔡世家。漢書古今人表。皆作勝。是古滕勝通用。爾雅釋詁。勝。克也。說文（十三篇下·力部）任也。从力。朕聲。此爻言咸之至。在羣籍中。惟素問金匱眞言論。所謂得四時之勝者。又瘧論。陰陽更勝也。又六元正紀大論。故上勝則天氣降而下。又至眞要大論。六氣相勝。又脈要精微論。以其勝治之。以諸勝字解遯卦。方爲塙當。

恆

振恆凶

說文。榰。（卷六上·木部）柱氏也。古用木。今以石。从木。耆聲。易曰。榰恆凶。

集解引虞翻注。在震上。故震恒。五動乘陽故凶。

祖縣按。釋文。振之忍反。馬云。動也。鄭云。搖落也。張作震。均不作榰。虞亦作震。與孟氏異。

說文。振（十二篇上手部）。舉救也。从手辰聲。一曰奮也。凡震振脣滑宸之屬。皆辰之衍。礎。爾雅釋宮。磌也。淮南說林篇注。柱下石磌也。說文新附。柱下石也。磌榰聲通。磌係今文也。

遯

係遯有疾厲畜臣妾吉

禮記四曲禮疏下引五經異義。謹案易曰。係遯有疾厲畜臣妾吉。知諸侯無去國之義也。

祖縣按。許氏此案。不能以虞注證。許易偁孟氏。其異義偁易。曰京孟易。引孟氏京房十一篇語也。曰易下邳傳甘容說。（禮記十二王制疏）曰易施讎等記。（禮記二十五郊特牲疏）皆舉姓氏。凡言易曰。以說文證。是偁孟氏也。

大壯

羸其角

釋文。羸。鄭虞作纍。馬國翰孟氏章句。以虞宗孟入之誤。

祖縣按。孟說佚。羸纍說文均無。釋文凡孟氏說與諸本異者。則云孟作某。此云虞作纍。

是虞氏與諸本異也非孟氏說也

晉

晉進也　明出地上晉

說文晉（日部七篇上）進也日出萬物進从日从臸易曰明出地上晉釋文晉彖云進也孟作齊子西反義同

虞翻注佚

祖緜按說文作晉今作晉由隸省虞翻注晉康侯觀四之五晉進也亦作進以說文證之孟作齊齊爲隮之古字儀禮士虞禮隮祔爾于爾皇祖某甫尚饗注今文隮爲齊作齊今文也釋文躋於九陵本又作隮子西反升也是其證

罔孚裕无咎

說文裕（衣部八篇上）衣物饒也从衣谷聲易曰有孚裕无咎

集解引虞翻注應離爲罔曰坎稱孚坤弱爲裕欲四之五成巽初受之命故无咎也（張惠言虞氏義曰坎稱孚之日字作曰以爲衍字誤曰宜作四四坎體又欲四之五之欲乃坎之誤）

祖緜按罔虞亦作罔不作有也說文网（网部七篇下）庖犧氏所結繩以田以漁也从冂下象

网交文凡网之屬皆从网罔网或加亡大壯君子用罔釋文罔羅也馬王肅云无罔釋羅與虞注離爲罔同且羅有包羅之意包羅含有有字之義惟爾雅釋言罔無也詩民勞以謹罔極箋罔無也與馬王肅同許氏偁孟氏易罔作有有无二字義正相反若从釋文作羅解於義方合

晉如鼫鼠

馬國翰輯孟氏章句引說文鼫十篇上鼠部五技鼠也能飛不能過屋能緣不能窮木能游不能渡谷能穴不能掩身能走不能先人此之謂五技从鼠石聲

虞翻注伎

祖緜按五伎鼠孔疏引蔡邕勸學篇與說文同集解引九家易其說亦與說文同惟參以象爾九家易曰碩鼠喻貪謂四也體離欲升體坎欲降游不度瀆不出坎也飛不上屋不至上也緣不極木不出離也穴不掩身五坤薄也走不先足外震在下也五伎皆劣四爻當之故曰晉如碩鼠也以九家易證之疑漢人易傳之說也說文渡谷九家易作度瀆過屋作上屋窮木作極木先人作先足文字略有異同荀子勸學篇楊倞注與說文同惟過屋作上屋

失得勿恤

釋文。失得。如字。孟馬鄭虞王肅本作矢。馬王云。離爲矢。虞云。矢古誓字。

集解引虞翻注。矢古誓字。誓信也。勿无。卹憂也。五變得正。坎象不見。故誓得勿卹。

祖緜失。作按矢。孟虞同。

明夷

用拯馬壯吉

說文。拼。十二篇上．手部．舉也。从手。丞聲。易曰。用拼馬壯吉。又⿱丞車。十四篇上．車部．軺車後登也。从車。丞聲。讀若易拯馬之拯。

虞翻注佚。

祖緜按。拼段作拯。解作上舉也。段氏據文選注補入。又增出休爲拯。文選。文選注屢引出溺爲拯。是古本有此四字。段氏增入是也。拼今文或隸俗。拯古文也。釋文。拯。拯救之拯。注同。說文云。舉也。鄭云。承也。子夏傳作拼。字林云。拼上舉。音承。以釋文證之。說文云舉也是唐時說文本有拯無拼也。拼出子夏傳。不云出說文。是今文無疑。義段氏改拼爲拯是也。春秋左氏宣十二年傳。目於眢井而拯之。又昭十年。是以無拯。孟子梁惠王下。民以爲將拯己於水火之中也。淮南子氾論篇。則捽其髮而拯。皆作拯。此其明證也。宋咸熙古易音訓序曰。明夷用承馬。音拯救之拯。與艮不承其隨。音拯救之拯同。今明夷承改拯。與艮卦異。且陸氏之音爲贅矣。其說是也。拯係承之衍也。

明夷于南狩

說文。狩。十篇上。犬部。犬田也。从犬守聲。易曰。明夷于南狩。

虞翻注佚。

祖縣按。虞注佚。無以證孟氏家法。近見某作釋狩。犬田作火田。並引狩時火災山林以證之。殊誤。

箕子之明夷

漢書儒林傳。蜀人趙賓。好小數書。後爲易文。以爲箕子明夷。陰陽氣亡箕子。箕子者。萬物方荄滋也。賓持論巧慧。易家不能難。皆曰。非古法也。云受孟喜。喜爲名之。後賓死。莫能持其說。喜因不肎仞。以此不見信。顏師古曰。此箕子者。謂殷父師說洪範者也。而賓妄爲說耳。荄滋言其根荄方茲茂也。

虞翻注佚。在惟箕子以之。注曰。箕子紂諸父。

祖緜按。釋文。蜀才箕作其。劉向云。今易箕子作荄滋。鄒湛云。訓箕爲荄。詁子爲滋。漫衍無經。不可致詰。以譏荀爽。張湛蜀典曰。按若箕子。則文王又何解乎。顏師古駁正良是。至清治漢學者。惠棟（周易例。及周易述。）宋翔鳳（過庭錄。）皆主趙賓說。殊非也。且此說在昔時。已不肎仞矣。後人反宗之。何邪。

睽

其牛掣

說文。觢。（四篇下。角部。）一角仰也。从角。㓞聲。易曰。其牛觢。

集解。掣作觭。引虞翻注。坤爲牛。爲類。牛角一低一仰。故稱觭。離上而坎下。其牛觭也。

祖緜按。釋文。說文作觢。之世反。云角一俯一仰。以虞注及釋文證之。是一角仰誤也。宜作角一俯一仰爲正。今說文作一角仰。文理不通。是文有脫奪。俗人妄竄耳。張惠言虞氏義云。爲類未詳。疑字之誤。說卦傳。坤爲地。天之類也。爲母。父之類也。爲均。爲衆。均與衆。皆類也。何疑之有。

其人天且劓

說文。㓷。（四篇下。刀部。）刑鼻也。从刀。臬聲。易曰。天且㓷。臬或从鼻。

集解。引虞翻注。其人謂四。惡人也。黥額爲天。割鼻爲劓。无妄乾爲天。震二之乾五。以陰墨其天。乾五之震二。毀艮。割其鼻也。兌爲刑。人故其人天且劓。

祖緜按。說文。剠。劓。兩字竝用虞。用劓。與孟氏異。

損

二簋可用亨

祖緜按。馬國翰輯孟氏章句。二簋可用亨。引說文。簋。（五篇上。竹部。）黍稷方器也。从竹皿皀。匭古文簋。从匚食九。匭古文簋。从匚軌。未引易。釋文。蜀才作軌。說文。軌。（十四篇上。車部。）未引易。儀禮公食大夫禮。宰夫設黍稷六簋于俎西。注。古文簋皆作軌。此其證。周禮小史。以書敘昭穆之俎簋。注。故書簋或作九。軌爲九之孳乳也。

君子以懲忿窒欲

釋文。窒。孟作恎。欲作浴。

集解引虞翻注。初上據坤。艮爲山。故窒欲也。

祖緜按。說文有窒無恎。恎浴。疑淺人所改。非孟氏文。故許氏不偁。

已事遄往

說文。遄。（二篇下。辵部。）往來數也。从辵。耑聲。易曰。已事遄往。

集解。已作祀。引虞翻注。祀。祭祀。坤爲事。謂二也。遄。速。酌。取也。又曰。祀。舊作已也。釋文。音以。本亦作以。虞作祀。

祖縣按虞。舊作巳。舊指孟氏本也。作已。與說文同。說文。已。鉉作㠯。鍇作以。隸亦作㠯作以。漢書東方朔傳注。㠯。用也。小爾雅廣詁。以。用也。古已㠯同音。作祀。惟虞氏。爾諸輯本以。虞宗孟氏。以爲虞作某。孟氏亦作某。以此證之。則非也。遄字之解。虞亦與孟異。

得臣無家

馬國翰輯孟氏章句。輯蔡邕荅詔問八事。引得臣無家。以爲孟氏說。

集解。引虞翻注。二五已動成益。坤爲臣。三變據坤成家人。故曰得臣。動而應三。成既濟。則家人壞。故曰无家。

祖縣按。凡易無皆作无。不作無也。虞氏作无是也。漢人引此者。凡兩見。漢書五行志中之上。谷永曰。易稱得臣無家。言王者臣天下。無私家也。（按漢紀二十五。成帝紀同。）與此荅詔問災異。稱易曰。得臣無家。言天下何私家之有。是也。治經者以爲无家之无字。當作無。誤也。古人引易以无作無者。夥矣。乾坤二卦。已數見。如乾見羣龍无首吉。說苑至公篇作無首吉。坤之括囊无咎无譽。荀子非相篇。淮南子詮言篇。作括囊無咎無譽。魏志李通傳注。作括囊無咎。又坤之地道无成。而代有終也。後漢紀十二。章帝紀作地道無成。而代有終是也。亦有作亡者。如乾之賢人在下位而无輔。漢書五行志下之上。作賢人在下位而亡輔。則作亡矣。馬氏以蔡邕荅詔問引易得臣無家。爲孟氏章句。是無證據。邕熹平石經易用京氏。今谷永引此亦作無。谷習京氏易。非孟氏章句明矣。說文。无。(十二篇下。無重文。)奇字無也。通於元者。虛无道也。王育說。天屈西北爲无。易宜作无。

益

偏辭也

釋文。偏。孟作徧。云周匝也。

集解引虞翻注。徧。周匝也。

祖緜按。虞亦作徧。孟氏家法也。說文。徧。(卷二下。彳部。)帀也。義與孟同。敦煌古寫本亦作徧。

夬

有戎勿卹

說文。䀏。(四篇上。目部。)目深突皃也。从目窅。讀若易曰勿卹之卹。

集解引虞翻注。卹作恤。

祖縣按說文。卹。五篇上。血部。憂也。又恤。十篇下。心部。憂也。解同。詩羔裘序。不卹其民也。釋文本亦作恤。卹恤古通。

其行次且

釋文。次本亦作趑。或作跌。說文及鄭作趀。同七私反。注倉卒也。

集解。引虞翻注。大壯震爲行。坎爲破爲曳。故其行次且。

祖縣按說文次。八篇下。欠部。不前不精也。从欠二聲。又趑。二篇上。走部。趑趄行不進也。从走。次聲。趄。走部。趑趄也。从走。且聲。趑爲次之衍。趄爲且之衍。衍走爲趑。趄今本作次且。省文也。熹平石經亦作次且。至趀。走部。說文未引易。以釋文證之。則陸氏所見本有引易者也。今不可深攷矣。

莧陸夬夬

釋文。引三家音。莧胡練反。羅苹路史後紀注。卷五。引孟喜說。莧陸獸名。夬有兌。兌爲羊也。」

集解引虞翻注。莧說也。莧讀夫子莧爾笑之之莧。莧陸和睦也。震爲笑。言五得正位。兌爲說。故莧陸夬夬。大壯震爲行。五在上。中動而得中。故中行无咎。舊讀言莧陸。字之誤也。馬君荀氏皆從俗言莧陸非也。

祖緜按。孟氏說見路史後紀卷五。請又其莧而時之。吾謹逃其爪牙則可矣注。則作莧字。虞翻家世治孟氏易。所謂舊讀。卽孟氏章句也。馬荀皆從俗言。今馬注已佚。荀氏注集解中猶在。以莧作艸解。以荀證孟。與羅苹所引者不合。虞改作莧。讀夫子莧而笑之之莧。今論語作莞。莞說文一篇下艸部。艸也。可以作席。从艸完聲。莧說文一篇下艸部。莧菜也。从艸見聲。完見音聲各別。此虞氏擅改師說。不足據焉。至莧說文十篇上部首。山羊細角。从兔足。从苜聲。凡莧之屬。讀若丸。寬字从此。與虞注莧讀莧爾而笑之聲通。後人遂以爲孟氏从莧不从莧之證。虞義雖與孟異。而讀則同也。釋文出莧。三家音胡練反。以三家音證之。三家施孟梁丘也。則孟亦作莧不作莧也。自來治易者。釋莧莧兩字之別。以趙振芳易原爲最切。莧上从羊。是羊頭。不是艸頭。下从見。如兔字。非見字。字異而聲亦別。以虞義舊讀言莧陸。則孟作莧字也。

姤

后以施令誥四方

說文。后。九篇上部首。繼體君也。象人之形。从口。易曰。后以施令告四方。

集解引虞翻注。后繼體之君。姤陰在下。故稱后。與泰稱后同也。乾爲施。巽爲命爲誥。復震二月東方。姤五月南方。巽八月西方。復十一月北方。皆總在初。故以誥四方也。孔子行夏之時。經用周家之月。夫子傳彖象以下。皆用夏家之月。是故復爲十一月。姤爲五月矣。

祖縣按。虞注后繼體之君。與許氏同。是宗孟氏家法。告虞作誥。說文（三篇上。言部。）告也。義同。上復字指旁通姤旁通復也。復爲十一月。姤爲五月。是辟卦也。震爲二月。巽爲八月。指姤復二卦之內卦言。以合四方之說。實曲解也。且巽爲八月西方。與說卦傳帝出乎震一節不合。巽爲東南方也。何能遠越於西方。乃虞氏以納甲巽納辛附會西方（庚辛西方。）辛係十干次第之第八數。故曰八月。謬哉虞氏之說也。蓋虞氏拾取參同契之說。非孟氏家法矣。

繫於金柅

釋文。柅。廣雅云。止也。說文作檷。（六篇上。木部。）云絡絲趺也。讀若昵。今本說文趺作柎。段氏以爲古今字。

集解引虞翻注。柅謂二也。巽爲繩。故繫柅。乾爲金。巽木入金。柅之象也。

祖縣按。說文檷下未引易。虞翻作柅。不作檷也。柅說文（木部。）木也。實如棃。从木。尼聲。此字與金柅之柅不涉又屎（木部）。篗柄也。从木尸聲。重文柅。屎或从木尼聲。金柅之柅屬此字。篗說文（五篇上竹部）收絲者也。方言曰篗。兖豫河濟之間謂之榬。郭云所以格絲也。格卽絡之古文。以此推之。檷柅屎古通用。

有隕自天

說文。隕（十四篇下𨸏部）從高下也。从𨸏員聲。易曰有隕自天。

集解引虞翻注。隕落也。乾爲天。謂四隕之初。初上承五。故有隕自天矣。

祖緜按。隕與落義異。爾雅釋詁落死也。離騷惟艸木之零落兮注。零落皆墜也。故落說文（一篇下艸部）凡艸曰零。木曰落。如木葉下是也。隕者從高下。如隕星隕石是也。瓜形如星。苞（按苞卽匏也）杞上如星在天。故用隕。

萃

萃如嗟如

祖緜按。馬國翰輯孟氏章句。嗟作磋。並云引集解本虞翻注。攷集解引虞注作嗟不作磋。諸家本亦無作磋者。是馬氏誤引也。惠棟周易述改嗟爲差。集韻嗟古作䰇。是引爾雅釋詁。嗟咨䰇也。釋文嗟。或本作䰇。惠作差者。離大耋之嗟。釋文嗟本作差。从荀也。嗟卽說文謷。三篇上。言部。嗞也。一曰痛惜也。从言。𡋲聲。嗞卽咨。虞注巽爲號。故嗟如以號釋嗟。未切。

升

允升大吉

說文。⿰本允十篇下。本部。進也。从本。从屮。允聲。易曰。⿰本允升大吉。

虞翻注佚。

祖緜按。晁說之以允爲古文。⿰本允篆文。

困

劓刖

祖緜按。馬國翰以釋文引說文。刖作劊。以爲孟氏章句。非也。釋文京作劓劊。案說文。劊。四篇下。刀部。斷也。陸氏。所。謂。案。者。是以。說。文。解。京。本。之。劊。字。也。非說。文。刖。字。作。劊。字。也。其文。甚明。乾鑿度亦作劓刖。集解引虞翻注。斷足爲刖。亦不作劊也。刖。說文。四篇下。肉部。絕也。从刀。月聲。周禮秋官司刑。劓辠五百。刖辠五百。鄭注。刖斷足也。周改臏爲刖。又掌戮。刖者使守囿。鄭注。斷足驅衛禽獸。無急行。五刑。墨。劓。宮。刖。殺。皆用。劊若。曰。劓。劊。僅劓。刑。劊。而

已失刑法之大綱矣且刖與紱叶作劓不叶矣此京氏妄竄者也

于臲卼

說文𡰥（六篇下出部）槷𡰥不安也从出臬聲易曰槷𡰥釋文卼說文作𡰥云𡰥不安也

集解引虞翻注兌爲刑人故困于葛藟于臲卼也

祖緜按卼虞氏不作𡰥與孟氏家法異張惠言虞氏義謂臲卼蓋兀刑也兀作刖解本莊子德充符魯有兀者釋文引李注刖足爲兀說文兀（八篇下儿部）高而上平也亦不作刖解高而上平不安皃荀爽注臲卼不安也字異而解與說文同以諸說證之李注以刖足爲兀誤也且九五爻已言劓刖若再以兀作刖解意重

井

說文𠛬（五篇下井部）罰辠也从刀井易曰井者法也井亦聲

祖緜按井者法也疑彖之佚文抑雜卦語也漢書五行志風俗通引同

甕敝漏

釋文甕說文作罋汲缾也

集解引虞翻注離爲甕甕瓶毀缺羸其瓶凶故甕敝漏也

祖綵按。甕爲罋之俗。說文。有罋（五篇下。缶部。）無甕。

爲我心惻

釋文。惻。說文（十篇下。心部。）云。痛也。

虞翻注佚。

井冽寒泉食

說文。洌（十一篇下。水部。）水清也。从水。列聲。易曰。井冽寒泉食。

集解引虞翻注。泉自下出稱井。周七月。夏之五月。陰氣在下。二已變坎。十一月爲寒泉。初二已變。體噬嗑。故冽寒泉食矣。

祖綵按。冽虞作冽。說文無冽。从仌。井水。夏寒。冬溫。焉有仌作冽。誤也。井於卦氣。五月之卦也。故虞曰五月。五月者。對十一月也。卽所謂子午衝也。五月。井水寒。故曰寒泉。參同契曰。姤始紀序。履霜最先。井底寒泉。午爲蕤賓。賓服于陰。陰爲主人。卽以姤爲五月辟。井爲五月。卿言也。虞氏此注本之。

革

水火相息

釋文息。說文作熄。十篇上。火部。畜火也。

集解引虞翻注。息長也。離爲火。兌爲水。繫曰。潤之以風雨。風巽雨兌也。四。革之正。坎見。故獨於此稱水也。

祖緜按。釋文云。說文作熄。熄下雖不偁易。是孟氏章句也。虞以息爲消息之息。義可通。漢書藝文志易傳孟氏京房十一篇。故許氏五經異義偁孟京說。釋文每卦冠列某宮某世卦。从孟京說。虞注四革之正。坎見。故獨於此稱水也。四革之正。指革爲坎宮四世卦言也。虞氏誤以爲四爻之變。四爻變爲離。互體坎見。惠棟周易述以四革之正坎兩見。益誤矣。不知象指一卦言。若虞注則指一爻。悖於例矣。

鞏用黃牛之革

說文。鞏。三篇下。革部。以革束也。易曰。鞏用黃牛之革。

虞翻注。佚。

君子豹變其文蔚也

說文。斐。九篇上。文部。分別文也。从文。非聲。易曰。君子豹變。其文斐也。

集解引虞翻注。蔚。蔇也。兌小。故其文蔚也。

祖緜按。虞作蔚。今本同。與孟異。

鼎

說文。鼎。七篇上。鼎部首。三足兩耳。和五味之寶器也。象析木以炊。貞省聲。昔禹收九牧之金。鑄鼎荊山之下。入山林川澤者。离魅蝄蜽。莫能逢之。以協承天休。易卦巽木於下者爲鼎。古文以貞爲鼎。籀文以鼎爲貞。凡鼎之屬皆屬鼎。

虞翻注佚。

亯飪

說文。𦏧。三篇下。丮部。食飪。从丮𦎫。易曰𦏧飪。

虞翻注佚。

鼎玉鉉

說文。鼏。七篇上。鼎部。以木橫貫鼎耳舉之。从鼎。冂聲。周禮廟門容大鼏七箇。卽易玉鉉大吉也。又鉉。十四篇上。金部。所以舉鼎也。从金。玄聲。易謂之鉉。禮謂之鼏。

集解引虞翻注。離爲黃。三變坎爲耳。故鼎黃耳。鉉謂鼎兩耳。乾爲金。故金鉉。

祖緜按。禮謂之鼏。易之謂鉉。許氏之說非也。儀禮如士喪禮設扃鼏。又云。取鼏委于鼎北。加扃不用。士虞禮。左人抽扃鼏匕。士冠禮設扃鼏十餘事。注皆曰。今文扃爲鉉。古文鼏爲密。是扃與鼏非一物。而鉉亦非鼎耳。虞氏以三變坎爲耳取象亦誤。鼎下卦巽伏也入也。自取扃藏之義。

震

笑言啞啞

說文。啞。（二篇上。口部。）笑也。从口亞聲。易曰。笑言啞啞。

集解引虞翻注。啞啞笑且言。謂初也。得正有吉。故笑言啞啞。後有則也。

祖緜按。說文。啞啞。笑也。虞注。笑且言。微有不同矣。

不喪匕鬯

說文。鬯以秬釀鬱艸。芬芳攸服。以降神也。（五篇下。鬯部。）从凵。凵器也。中象米。匕所以扱之。易曰。不喪匕鬯。

集解引虞翻注。坎爲棘匕。上震爲鬯。坤爲喪。二上之坤。成震體坎。得其匕鬯。故不喪匕鬯。

祖緜按。虞注以震爲鬯。張惠言補其義曰。震爲禾稼。坎水和之爲鬯酒。故上震爲鬯。周禮鬯人掌共秬。（按秬卽說文䅖。）鬯而飾之。禮郊特牲。周人尚臭。灌用鬱鬯。以禮證之。張云鬯酒非也。

艮

不拯其隨

晁氏曰。拯。案孟京王陸績。皆作承。

集解引虞翻注。拯。取也。

祖緜按。虞氏注作拯不作承。說見明夷用拯馬壯條。

艮其限

說文。艮。（八篇上。七部。）很也。从匕目。匕目。猶目相匕。不相下也。易曰。艮其限。匕目爲艮。匕目爲眞也。

集解。引虞翻注。限。要帶也。坎爲要。五來之三。故艮其限。

祖緜按。說文言艮。虞注言限。不能互證。釋文。馬云。限。要也。鄭荀虞同。與虞注要帶異。

列其夤

晁氏曰。列。孟一行作裂。夤。孟京一行作䏰。

集解引虞翻注。夤脊肉。艮爲背。坎爲脊。艮爲手。震起艮止。故列其夤。

祖緜按。虞氏注。列不作裂。夤不作䏖。說文䏖。（四篇下。肉部。）瘢也。从肉。引聲。一曰遽也。與上下兩句義不相貫。

厲熏心

集解引虞翻注。坎爲心。厲。危也。艮爲閽。閽守門人。坎盜動門。故厲閽心。古閽作熏。心馬因言熏灼其心。未聞易道以坎水熏灼人也。荀氏以熏爲勳。讀作動。皆非也。

祖緜按。虞氏所謂古。實指孟氏章句也。熏。李松林周易述補疏考證尚詳。引胡廣曰。勳者閽也。漢時古文尚存其說。是明證也。說文有勳（十三篇下。力部。）無熏。

漸

婦孕不育

釋文。引說文。裹子曰孕。（十四篇下。子部。）

集解引虞翻注。孕。妊娠也。育。生也。巽爲婦。離爲孕。三動成坤。離毀失位。故婦孕不育。凶。

祖緜按。此釋文引說文。釋孕字也。虞注字異而義同。虞所謂位。非指易之正位。指互體也。三動成坤之後。互體之離。已毀。故曰毀離失位。

或得其桷

釋文。桷引說文秦曰榱。周謂之椽。齊魯謂之桷。（六篇上木部榱解）

集解引虞翻注。巽爲木桷。椽也。方者謂之桷。巽爲交爲長木。艮爲小木。坎爲脊。離爲麗。小木麗長木。繩束之象。脊之形。椽桷象也。

祖緜按。說文。桷（六篇上木部）榱也。从木。角聲。椽方曰桷。春秋傳曰。刻桓公之桷。椽（木部）榱也。榱（木部）椽也。三字連類及之。義貫。虞注是也。

歸妹

歸妹愆期遲歸有待

穀梁傳隱七年。叔姬歸于紀。范寗集解。引許愼曰。姪娣年十五以上。能共事君子。可以往。二十而御。易曰。歸妹愆期。遲歸有待。詩曰。韓侯取妻。諸娣從之。祁祁如雲。娣必少於嫡。知未二十而往也。

集解引虞翻注。愆。過也。謂二變三動之正。體大過。象坎月離日。爲期。三變日月不見。故愆期。坎爲曳。震爲行。行曳故遲也。歸謂反三。震春。兌秋。坎冬。離夏。四時體正。故歸有時也。

祖緜按。異義作待。虞翻作時。不守孟氏家法。且時字。虞以四時釋之。其不作待可无疑義。四時體正。卽說卦傳帝出乎震一章之卦位。與虞注後天而奉天時注合。宋人後天卦位亦合。可知後天之說。乃漢人之舊說。非宋人所創也。

士刲羊

說文。刲。(四篇下。刀部。)刺也。从刀。圭聲。易曰。士刲羊。

集解引虞翻注。刲。刺也。震爲士。兌爲羊。離爲刀。故士刲羊。

祖縣按。說文有刺無刾。張惠言以爲刾卽刺也。

豐

日中則厢

釋文。昃。孟作稷。

虞翻注佚。

祖縣按。說文。稷。(七篇上。禾部。)齋也。五穀之長。从禾。畟聲。穀梁傳定十五年。戊午日下稷。乃克葬。范寧集解。稷。昃也。下昃謂晡時。昃稷聲通。昃古文也。公羊傳作昗。何休解詁與范寧同。說文厢。引易曰。日厢之離。則孟作厢。不作稷也。釋文引孟作稷。疑後人竄改之。本江藩周易述補。以稷爲古文。誤也。郙閣頌。劬勞日稷。兮昃作稷。是隸文。足證非古文也。太炎先生新出三體石經攷四十八云。日中昗。昗作厢。按說文繫傳。吳部有昗。日部有戹。大徐本有戹無吳。反以吳爲俗字。誤也。字本从夨。古文變從大者。猶吳字古文作𡗶。亦變夨爲大也。今尙書陸孔本皆作吳。不作戹。蓋相承如此。其說是也。

日中見斗

釋文。見斗。孟作見主。

集解引虞翻注。噬嗑離爲見。象在上爲日中。艮爲斗。斗七星也。噬嗑艮爲星。爲止。坎爲北。中巽爲高舞。星止於中而舞者。北斗之象也。離上之三。隱坎雲下。故日中見斗。

祖緜按。以虞證孟。虞作斗。不作主也。中巽之中。指互體言。高說卦傳。巽爲高。舞取象不可攷。或卽巽爲進退之意爾。

豐其屋

說文。寷。七篇下宀部。大也。易曰。豐其屋。釋文引說文作寷。云大屋也。

集解引虞翻注。豐大蔀小也。三至上體大壯屋象。故豐其屋。謂四五已變。上動成家人。大屋見則家人壞。故蔀其屋。與泰二同義。

祖緜按。釋文引說文。文異。許偁易豐其屋。仍作豐。不作寷。寷會意也。

天際翔也

集解引孟喜曰。天降下惡祥也。

祖緜按集解引孟氏說惟此與陰疑於陽必戰而已際孟釋降。翔作祥。左昭十八年傳鄭之未災也。里析告子產曰。將有大祥。民震動國幾亡。杜注。祥變異之氣。惡祥惡徵也。

闃其无人

釋文。闃孟作窒。

集解引虞翻注闃。空也。四動時坤爲闔戶。闔故闚其戶。坤爲空虛三隱伏坎中。故闃其无人。

祖緜按。虞翻亦作闃。與孟異。闃說文無。李松林周易述補。依說文改闃(四篇上 旻部)是也。闃。氏目視也。从旻門聲。江藩从釋文作窒。說文。窒(七篇下 穴部)塞也。从穴至聲。義不可通是宜作⿱穴巠⿱穴巠說文(穴部)空也。詩曰瓶之⿱穴巠矣(今詩作罄)義始允恐釋文誤⿱穴巠爲窒爾江氏不察未能攷正以窒而不通之窒作⿱穴巠又曲從虞義以空解窒謬甚此句从闃从⿱穴巠義均可通獨窒不能通至闃係隸寫若此字作⿱穴巠則闚字宜作窺葢闚闃類窺⿱穴巠類也

自藏也

釋文藏。衆家作戕。

集解引虞翻注。謂三隱伏坎中。故自藏者也。

祖緜按。虞氏亦作藏。藏說文無。卽臧（三篇下臣部）。字善也。从臣。戕聲。藏戕聲通。

巽

先庚三日

說文。庸（三篇下用部）。用也。从用。庚。庚。更事也。易曰。先庚三日。

集解引虞翻注。震。庚也。謂變初至二成離。至三成震。震主庚。離爲日。震三爻在前。故先庚三日。謂益時也。動四至五成離。終上成震。震爻在後。故後庚三日也。

祖緜按。虞翻謂震庚也。因納甲震納庚也。是虞氏宗參同契。非宗孟氏也。

中孚

我有好爵吾與爾靡之

釋文。好。孟云。好。小也。又靡。韓詩云。共也。孟同。

集解引虞翻注。靡。共也。

祖緜按。好。虞注。佚。靡。宗孟氏。

月幾望

幾。晁氏曰。孟荀一行作既。孟云。十六日也。說之案。古文讀近爲既。詩既近王舅是也。此實當作既。

集解引虞翻注。訟坎爲月。離爲日。兌西震東。月在兌二。離在震三。日月象對。故月幾望。

祖緜按。虞作幾。不作既也。虞以納甲釋。不宗孟氏也。

既濟

婦喪其茀

釋文。子夏作髴。晁氏曰。孟一行虞亦作髴。云鬒髮也。

集解引虞翻注。髴髮。謂鬒髮也。一名婦人之首飾。坎爲玄雲。故稱髴。詩曰。鬒髮如雲。

祖緜按。虞氏注。髴宗孟氏家法也。

繻有衣袽

說文。絮。十三篇上糸部。絜緼也。一曰敝絮。从糸。奴聲。易曰。需有衣絮。又繻。糸部。繒采色也。从糸。需聲。讀若繻有衣。

集解引虞翻注。乾爲衣。故稱繻。袽。敗衣也。乾二之至。衣象裂壞。故繻有衣袽。

祖緜按。虞翻注。繻不作需。袽不作絮。與許氏所偁全異。惟說文繻字解讀若繻有衣義法亦外且同是一字萬無讀若之理或僞糸爲衣之誤宜作讀若襦有衣爾以象證之（按互體離象・繒采色・變兌・爲毀折・敝絮也・）則襦爲正字讀若二字疑後人改竄宜作易曰襦有衣也證之本卦之濡其尾濡其首未濟之濡其尾濡其首襦與濡皆需之衍也自當從襦也

未濟

小狐汔濟

朱震漢上易傳引孟喜坎狐坎穴也狐穴居

集解引虞翻注否艮爲小狐汔幾也濟濟渡狐濟幾渡而濡其尾未出中也

祖緜按孟氏以坎爲狐虞氏以否艮爲小狐義不相同否者否與未濟皆三陰三陽之卦未濟由否而來未濟二五兩爻之變爲否是也治易好曲解此其大謬者也

震用伐鬼方

晁氏曰震字漢名臣奏作祇孟京虞云震敬也一行同

集解引虞翻注變之震體師坤爲鬼方故震用伐鬼方

祖緜按虞氏注无釋震爲敬之文且震由變之而來以互卦釋也晁氏之說不足據也

後學潘承弼初校　男延國覆校　後學徐復　弟子屈懷白　再覆校

周易孟氏學卷下

杭縣沈祖緜瓞民撰

繫辭上

釋文。辭。本亦作𤔲。依字應作詞說也。說文云。詞者。意內而言外也。辭。不受也。受辛者辤。辝籀文辤字也。

祖緜按。詞。說文。誒。（三篇下。言部。）可惡之辭。段氏改辭爲詞。注云。詞各本作辭誤。今正。詞者意內而言外也。辤。說文。（十四篇下。辛部。）不受也。从受辛。受辛宜辤之也。辝。籀文辤。又辭說也。从𤔲辛。𤔲辛。猶理辜也。𤔲。籀文辭。辭从司。治許學者。皆以德明釋文兩引。傳寫皆有譌奪。且从段氏改辭爲詞。以各本作詞爲誤。殊非也。辭詞古人通用。如孟子拒楊墨。放淫辭。又淫辭知其所陷。淮南子氾論篇高注。孟子受業于子思之門。塞楊墨淫詞是也。有同書而辭詞互用者。如楚辭漢書王褒傳作楚辭。朱買臣傳作楚詞是也。又如楚辭離騷。跪敷衽以陳辭兮。九章抽思。茲歷情以陳辭兮。則皆作辭也。離騷。就重華而敶詞。九章抽思。結微情以陳詞兮。則皆作詞也。抽思一章之中。辭詞互用。可證古人通用。因馬國翰輯孟氏章句。以釋文引說文。即以爲孟氏章句也。故及之。

八卦相盪

釋文。盪。衆家作蕩。唯韓云。相推盪。

集解引虞翻注。旋轉稱摩。薄也。乾以二五摩坤。成震坎艮。坤以二五摩乾。成巽離兌。故剛柔相摩。則八卦相盪也。

祖緜按。韓作盪。疑从費氏。然釋文馬亦作蕩。馬事費氏易。則蕩衆家皆然也。

鼓之以雷霆

釋文。霆。京云。霆者。雷之餘氣。挺生萬物也。說文同。

集解引虞翻注。雷震霆艮。

祖緜按。霆今本說文十一篇下·雨部·作雷餘聲鈴鈴。所以挺生萬物。从雨。廷聲。藝文類聚二引。物字下有也字。與釋文引義同而字稍異。馬國翰因說文輯入孟氏章句。故錄之。

是故君子所居而安者易之象也

集解引虞翻注。君子謂文王。象謂乾二之坤。成坎月離日。日月爲象。君子黃中通理。正位居體。故居而安者。易之象也。舊讀象。誤作厚。或作序。非也。

祖緜按。虞氏注。舊讀。稱孟氏家法也。或指他家本也。釋文。序。陸云。象也。京云。次也。虞本作象。則象字爲虞氏所竄可證。細繹注言。則孟作厚。京作序也。虞氏據參同契日月爲象。改厚爲象。爾參以虞氏在天成象句。其說自明。

所樂而玩者爻之辭也

集解引虞翻注。爻者言乎變者也。謂乾五之坤。坤五動則觀其變。舊作樂。字之誤。

祖縣按。虞氏所謂舊說。卽孟氏說也。釋文樂。音岳。適會也。虞本作所變。下文樂天知命故不憂。樂天。釋文虞作變天。義更迂矣。

言天下之動而不可亂也

集解引虞翻注。以陰動陽。萬物以生。故不可亂。六二之動直以方。動。舊誤作嘖也。

祖縣按。舊說。卽孟氏家法也。釋文云。衆家本皆然。鄭本作至嘖云。嘖當爲動。九家亦作册。鄭作嘖。本孟氏也。攷釋文敍錄云。孟喜章句十卷。（按漢書藝文志作二篇。陸氏作十卷。疑後人附益。）無上經。七錄云。又下經無旅至節。無上繫。則上繫已佚。陸氏所謂衆家本無孟氏可知。鄭玄作嘖。从孟氏。疑當時書雖佚。而師說猶存也。

揲之以四

說文。揲。（十二篇上手部。）閱持也。从手。枼聲。釋文引說文同。

虞翻注佚。

再扐而後掛

說文。扐。十二篇上。手部。易筮。再扐而後卦。从手。力聲。釋文引馬鄭荀柔之說。未及說文。

集解引虞翻注。謂已一扐。復分掛如初。揲之。歸奇於初扐。并掛左手次小指閒。爲再扐。則再閏也。又分扐揲之如初。而掛左手第三指間。成一變。則布掛之一爻。謂已二扐。又加一爲三。并重合前二扐。爲五歲。故五歲再閏。再扐而後掛。此參五以變。據此爲三扐。不言三閏者。閏歲餘十日。五歲閏六十日盡矣。後扐閏餘分。不得言三扐二閏。故從言再扐而後掛者也。

祖緜按。釋文。掛京作卦。云再扐而後布卦。與說文解同。說文无掛字。卽挂也。儀禮特牲饋食禮。賓於左袂。挂於季指。少牢饋食禮。挂於季指。注皆曰。古文挂作卦。則挂係今文。掛隸俗也。

天一

說文。一。一篇上。一部首。惟初太極。道立於一。造分天地。化成萬物。凡一之屬皆从一。

集解引虞翻注。水甲。

祖緜按。許氏解一。人以爲玄言。非也。說文始一終亥。皆言數道立于一。卽數之始也。虞氏注。水。一曰水。天數也。言天一生水于北也。又地六成水於北。與天一幷。地六與天一匹也。〇甲爲幹之首。虞氏注。上一字言五行。下一字言幹也。不可幷而讀之。

地二

說文。二。十三篇下部首。地之數也。从耦。凡二之屬皆从二。

集解引虞翻注。火。乙。

祖緜按。說文解偁孟氏也。虞氏注。火。二曰火。地數也。言地二生火于南也。又天七成火于南。與地二幷。天七爲地二耦也。〇乙爲幹之二。

天三

說文。三。一篇上部首。數名。天地人之道也。於文。一耦爲三。三成數也。凡三之屬皆从三。

集解引虞翻注。木。丙。

祖緜按。許氏解三。言三之理。虞氏注。木。三曰木。天數也。言天三生木於東。又地八成木于東。與天三幷。地八爲天三匹也。〇丙爲幹之三。

地四

說文。四。（十四篇下・部首・）陰數也。象四分之形。凡四之屬皆从四。

集解引虞翻注。金。丁。

祖緜按。按許氏謂陰數。卽地數也。虞氏注。金。四曰金。地數也。言地四生金于西也。又天九成金于西。與地四幷。天九與地四耦也。〇丁爲幹之四。

天五

說文。五。（十四篇下・部首・）五行也。从二。陰陽在天地交午也。（按說文。午。仵也。交仵相背之意。）凡五之屬皆屬五。

集解引虞翻注。土。戊。

祖緜按。說文釋五爲五行。虞氏注。土。戊。立說大小不同。虞注不能包括全體也。土。五曰土天數也。言天五生土於中也。又地十成土於中。與天五幷。故地十與天五匹也。〇戊爲幹之五。

地六

說文。六。（十三篇下・部首・）易之數。陰變於六。正於八。从入八。凡六之屬皆从六。

集解引虞翻注。水。己。

祖緜按。說文侔易之數。其爲孟氏家法無疑。由此可推自一至十侔易數爲多也。虞氏注。水言地六成水于北。與天一幷。合之地六爲天一匹也。○己爲幹之六。以十幹而論。己之次序在六。非以生成論也。虞氏以五行十幹幷論。誤矣。

天七

說文。七。十四篇下・部首。陽之正也。从一。微陰从中衺出也。凡七之屬皆从七。

集解引虞翻注。火。庚。

祖縣按。虞氏注。火言天七成火于南。與地二幷。合之天七爲地二耦也。○庚爲幹之七。

地八

說文。八。二篇上・部首。別也。象分別相背之形。凡八之屬皆从八。

集解引虞翻注。木。辛。

祖縣按。說文解八之體。乾鑿度曰。陰以八爲彖。白虎通嫁娶陰數八。解八之用也。虞氏注。木言地八成木于東。與天三幷。合之地八爲天三匹也。○辛爲幹之八。

天九

說文。九。十四篇下・部首。陽之變。象其屈曲究盡之形。凡九之屬皆从九。

集解引虞翻注。金。壬。

祖緜按。言陽之變。惟易有之。是說文以易釋九也。虞氏注。金。言天九成金于西。與地四并。合之天九與地四耦也。○壬爲幹之九。

地十

說文。十。三篇上部首。數之具也。一爲東西。丨爲南北。則四方中央備矣。凡十之屬皆从十。

集解引虞翻注。土癸。○此則大衍之數。五十有五。蓍龜所從生。聖人以通神明。以類萬物之情。

祖緜按。說文解十。指易言。淺人不察。以爲通論。誤矣。虞氏注。土。言地十成土與中。與天五并也。合之地十與天五匹也。○癸爲幹之十。○虞氏又謂大衍之數。五十有五。誤也。易繫傳曰。大衍之數五十。非五十有五也。漢書律歷志以五乘十。大衍之數也。以五乘十。是五十。亦非五十有五也。天一地二。天三地四。天五地六。天七地八。天九地十。相并得五十有五。此五十有五。由天數五按天一。天三。天五。天七。天九。此天數五也。五數相并。得二十有五。地數五按地二。地四。地六。地八。地十。此地數五也。五數相并。得三十。天地數得五十有五也。而來。與大衍之數有別。鄭玄誤之於前。虞氏承之。解天一至地十。而以天幹附會。實肊說也。此節文有錯簡。章句既亂。誤解因之。天一地二一節。當在天數五地數五之下。方能上下貫通。無扞格之患矣。虞氏注。天一水。地六水。

卽一六合水也。地二火天七火卽二七合火也。天三木地八木卽三八合木也。地四金天九金。卽四九合金也。天五土。地十土。卽五十合土也。此之所謂天地者。卽天數五地數五也。與甲乙丙丁戊己庚辛壬癸日幹異。蔡邕月令章句云。大撓採五行之情占計機所建也。始作甲乙以名日。謂之幹。作子丑以名月。謂之支。則幹爲日幹盡人知之不能與天數五地數五相混也或以爲虞氏以幹解之者。乃納甲之眞理。益誤矣天一水甲。可以曲解乾納甲。按甲數一，乾數六，乾納甲，一六合水也。地二火乙。可以曲解坤納乙。按乙數二，坤數二，坤納乙，二七合火也。天三木丙。可以曲解艮納丙。按艮數八，丙數三，艮納丙，三八合木也。至丁戊己庚辛壬癸。萬不能曲解矣。張惠言以日行青道。甲一乙二。日行赤道。丙三丁四。日行黃道。戊五己十。日行白道。庚七辛八。日行黑道。壬九癸十。於虞氏納甲之外。益以四方中央以解日幹。雖易道廣大。無所不包。然亦有範圍在焉。今張氏持曲成之說。置範圍天地之化而不顧。未免悖矣。虞氏注五位得相而各有合句云。五位。謂五行之位。甲乾乙坤。相得合木。謂天地定位也。丙艮丁兌。相得合火。山澤通氣也。戊坎己離。相得合土。水火相逮也。庚震辛巽。相得合金。雷風相薄。天壬地癸。相得合水。言陰陽相薄而戰乎乾也。故五位相得而各有合。或以一六合水。二七合火。三八合木。四九合金。五十合土。虞氏於此注上說言五行仍以納甲立說下說以生成立說游移兩可與天一水甲之說等爾不知甲乙等日幹之說與天數地數毫不相涉因天一至地十本陰陽狀柔剛紀於一協於十乾知大知坤作成物言也故以天地二字形容之是天地之數本於陰陽非甲乙丙丁戊己庚辛壬癸所能盡之者也欲知其理可參大戴禮明堂篇六一八（句）七五三（句）二九四（句）一節此九宮術是也參同契曰青（按即甲乙）赤（按即丙丁）白（按即庚辛）黑（按即壬癸與曲禮月令之色同而與九宮之色又異）蓋一（用四方四時一周八卦八方也）各居一方皆稟中宮（按中宮即戊己也）戊己之功是也故戊居中宮以減生成之數皆五也己居中宮以減生成之數中宮仍爲五所謂中五立極是也餘皆對宮之數故說文戊（十四篇下部首）中宮也象六甲五龍相拘絞也己（十四篇下部首）中宮也象萬物辟藏詘形也其說是也可知生成之數須於天一地二節求得之不能於日幹次序求得之也總之此節章句須在天數五地數五一節之下於義始順

天垂象見吉凶

說文引見賁象

虞翻注佚

繫辭下

繫辭焉而命之

釋文。命。孟作明。

集解引虞翻注。謂繫彖象九六之辭。故動在其中。鼓天下之動者。存乎辭者也。

祖緜按。虞氏注未解命字。不能與孟氏互證。

夫乾確然

說文。隺。（三篇下冂部。）「高至也。从隹上欲出冂。易曰夫乾隺然。」釋文。確然。馬韓云剛貌。說文。高至。

集解引虞翻注。陽在初弗用。確然无爲。潛龍時也。

祖緜按。說文有隺無確。釋文作確。不作隺也。乾文言。亦作確。虞氏注亦作確。不作隺字。皆从俗。故鳥之白者曰𪇰。（說文。七篇下。白部。即鶴字。）牛之白者爲犨。（說文二篇上。牛部。）皆从隺。論語公冶長篇。猶吾大夫崔子也。王充論衡別通篇作猶吾大夫高子也。釋文。崔子。魯讀崔爲高。今从古。則崔亦義隺也。

夫坤隤然

釋文。隤然。孟作退。

集解引虞翻注。隤安。

祖縣按虞氏作隤與諸本同不作退也說文隤（十四篇下𠂤部）下隊也从𠂤貴聲下隊與上文乾隺然高至相對釋文所舉孟氏作退釋名釋言語退墜也則退與隤皆有隊義且聲亦通惟虞氏以安釋隤非也

聖人之大寶曰位

釋文大寶孟作保

祖縣按說文保（八篇上人部）養也从人从孚省孚古文孚孚古文保保保古文保不省一切經音義九保古文賫孚保三形同公羊隱元年解詁疏寶者保也左傳莊六年經齊人來歸衛俘疏寶或作保字與俘相似寶保形似而譌也其說是也

古者庖犧氏之王天下也

釋文庖孟京作伏犧孟京作戲伏服也戲化也

集解引虞翻注謂庖犧觀鳥獸之文則天八卦效之易有太極是生兩儀兩儀生四象四象生八卦八卦乃四象所生非庖犧氏之所造也故曰象者象此者也則大人造爻象以像天卦可知也而讀易者咸以爲庖犧之時天未有八卦恐失之矣天垂象見吉凶聖人象之則天已有八卦矣

祖緜按。虞氏注。亦作庖犧。與孟氏異。說文网（七篇下部首）解。亦作庖犧氏。與孟氏作伏戲異。疑伏戲係京房說。漢人以孟京竝提。以京氏說入孟氏。偁又奰（十篇下大部）云。讀若易虙羲氏。與网字解異。至庖犧氏之稱。諸書不一。或炮犧。或伏羲。或宓羲。或宓犧。或虙羲。或宓戲。或伏戲。竝同。惟說文犧（二篇上牛部）宗廟之牲也。从牛。羲聲。賈侍中說。此非古字。是可證許氏偁犧。从俗也。尙書序釋文。伏古作虙。又引張楫字詁。羲古字。戲今字。禮記月令注。大皞宓犧氏疏。宀下著必。是古之伏字。則庖犧氏以書序說文字詁禮疏正之。宜作宓羲也。

以佃以漁

說文网（七篇下部首）庖犧氏所結繩。以田以漁也。（段本增以田二字。云依廣韻太平御覽補。）从冂。下象网交文。凡网之屬皆从网。

集解引虞翻注。坤二五之乾。成離。巽爲魚。坤二稱田。以罟取獸曰田。故取諸離也。

祖緜按。漁本亦作魚。古通。佃。說文虞注皆作田。是其本字。

揉木爲耒

釋文。爲耒。引說文。耜曲木。垂所作。說文。耒（四篇下耒部）。耕曲木。从手推丰。古者垂作耒梠以振民也。凡耒之屬皆从耒。

集解引虞翻注。否四之初也。巽爲木。爲入。艮爲手。乾爲金。手持金以入木。故斲木爲耜。耜止所蹠。因名曰耜。艮爲小木。手以撓之。故揉木爲耒。耒耜耔器也。

祖緜按。釋文引說文耜曲木。與今本耒耕曲木也異。枱即耜字也。說文無耜字。枱爲古文耜。說文枱。六篇上木部。耒耑木也。按木字从莫友芝唐寫本說文解字增。从木。台聲。

耒耨之利

釋文。孟云。耨除草。

集解引虞翻注。耒釋耨。

祖緜按。虞氏注。耒及耨。不能與孟氏互證。說文无耨字。即薅與槈也。薅一篇下蓐部。拔艸也。从蓐。好省聲。槈六篇上木部。薅器也。从木。辱聲。耒耨之利之耨。當从槈也。

服牛乘馬

說文。犕。二篇上牛部。易曰。犕牛乘馬。从牛。葡聲。

集解引虞翻注。巽爲繩。繩束縛物在牛背上。故服牛。

祖緜按。犕虞氏作服。與孟氏異。集韻。犕通作服。詩鄭風叔于田。巷無服馬箋。服馬猶乘馬也。後漢書皇甫嵩傳注。犕古服字。又儀禮特牲饋食禮尸備答拜焉注。古文備爲復。則服與復通。

重門擊柝

說文。㯻。（六篇上木部）判也。从木。𣝣聲。易曰。重門擊㯻。又欜。（木部）欜。夜行所擊者。从木。橐聲。易曰。重門擊欜。

虞翻注柝。

祖縣按。說文无柝。係㯻之省。隸文也。㯻欜兩用。欜從周禮也。（按挈壺氏修閽氏均作欜）釋文出欜不出㯻。欜唐寫本作橐。誤也。淺人不察。以橐从木。故去木。以欜有兩木也。說文。橐。（六篇下橐部）囊也。从𣝣省。石聲。非从木也。詩斯干釋文。橐本作柝。亦誤。陸氏又誤引之爾。

上棟下宇

說文。宇。（七篇下宀部）屋邊也。从宀。亐聲。易曰。上棟下宇。

集解引虞翻注。乾爲高。巽爲長木。反在上爲棟。震陽動起爲上棟。宇謂屋邊也。兌澤動下爲下宇。

祖縣按。虞氏注。宇。謂屋邊也。與說文同。是宗孟氏家法。

古之葬者厚衣之以薪

說文。葬。一篇下。茻部。臧也。从死在茻中。一其中。易曰。古之葬者。厚衣之以薪。茻亦聲。又弔八篇上。人部。問終也。从人弓。古之葬者。厚衣之以薪。象人持弓會敺禽。

集解引虞翻注。中孚上下易象也。本无乾象。故不言上古。大過乾在中。故但言古者。巽爲薪。艮爲厚。乾爲衣。爲野。乾象在中。故厚衣之以薪。

祖緜按。以虞氏法證說文。義未合。

後世聖人易之以書契

說文。契。十篇上。大部。大約也。从大㓞聲。易曰。後世聖人。易之以書契。

集解引虞翻注。聖人謂黃帝堯舜也。夬旁通剝。剝坤爲書。兌爲契。故易之以書契。

祖緜按。虞氏以象解書契字。孟氏家法然否。不可攷矣。九家易曰。夬本坤世。下有伏坤。書之象也。上又見兌。契之象也。似虞氏襲九家易也。

象也者像也

釋文。衆家並云。像。擬也。孟京虞董姚還作象。

虞翻注佚。

祖緜按。虞氏注今佚。釋文云。虞作象。蓋陸氏時。其注猶未佚也。

天地絪緼

說文。壹。十篇下。壹部。壹壹也。从凶。从壺。壺不得渫也。易曰。天地壹壹。

集解引虞翻注。謂泰上也。先說否。否反成泰。故不說泰。

祖緜按。說文引易。係孟氏章句。虞氏注釋泰否。以否閉塞。求合壺不得渫。未免穿鑿。

雜而不越

說文。越。二篇下。辵部。踰也。从辵。戉聲。易曰。雜而不越。

虞翻注佚。

而微顯闡幽

說文。闡。十二篇上。門部。開也。从門。單聲。易曰。闡幽。

集解引虞翻注。神以知來。知以藏往。微者顯之。謂從復成乾。是察來也。闡者幽之。謂從姤之坤。是章往也。

祖緜按。而微顯闡幽。證以上句章往而察來。句法不合。當作微顯而闡幽。方允。虞氏釋闡。與說文不合。

說卦傳

幽贊於神明而生蓍

說文。蓍。一篇下艸部。蒿屬。生千歲三百莖。易以爲數。天子蓍九尺。諸侯九尺。大夫五尺。士三尺。从艸耆聲。釋文引同。

虞翻注佚

祖緜按蓍生千歲三百莖。千歲之說。跡近怪誕。豈讀書識理者所敢語哉。段氏汲古閣說文訂。謂宋本葉本皆作生十歲百莖。其說尙近理。段以爲非也。殊不知事物之理也。

參天兩地而倚數

說文。兩。七篇下部首。再也。从冂从从。易曰參天兩地。凡兩之屬皆从兩。

集解引虞翻注。倚立參三也。謂分天象爲三才。以地兩之立六畫之數。故倚數。

燥萬物者莫熯于火

說文。暵。七篇上日部。乾也。耕暴田曰暵。从日堇聲。易曰燥萬物者莫暵乎火。

虞翻注佚。

祖緜按、釋文。熯、王肅云、呼旦反、火氣聲。徐本作暵。音漢。熱熯也。說文同。熯。說文。（十篇上。火部。）乾皃。从火。漢省聲。詩曰。我孔熯矣。暵熯字雖分見。義則同爾。

坤順也

說文。羌。（四篇上。羊部。）西南僰人。僬僥从人。蓋在坤地、頗有順理之性。

集解引虞翻注。純柔承天時行。故順。

祖緜按。說文以坤順解羌字。非偁本文也。亦可證坤順之理。

爲龍

釋文。龍如字。虞干作駹。虞云倉色。干云雜色。

集解引虞翻注。龍作駹。駹蒼色。震東方。故爲駹。舊讀作龍。上已爲龍非也、

祖緜按。虞氏所謂舊讀。卽孟氏家法也。干寶文同而義異。虞氏故龍爲駹。　先子駁之曰。（見周易易解卷十。）虞氏此說。謂上已爲龍。非也。然如乾爲天、坤爲地。震爲雷。均上已爲天爲地爲雷、亦均可謂之非乎。乾爲天。虞氏雖无注。至坤爲地。震爲雷。虞氏有注矣。　先子之言實足箴虞氏之膏肓也。虞氏改龍爲駹。爾雅釋畜。馬面顙皆白惟駹。說文。駹（十篇上。馬部。）馬面顙皆白也。从馬。尨聲。與爾雅同。惟與虞干義不相合。

爲的顙

說文。旳。七篇上日部 明也。从日。勺聲。易曰。爲旳顙。又馰。十篇上馬部 白領也。从馬。勺聲。一曰駿也。易曰。爲馰顙。又烺。十篇上火部 望見火皃。从火。皀聲。讀若馰顙之馰。

集解引虞翻注。的白顙額也。震體頭在口上白故旳顙。詩曰。有馬白顛 按釋文旳顙曰顛 是也。

祖緜按。今本作的。的說文无。爾雅釋畜。馰顙白顛。亦作馰也。說文旳係叚借。馰係正字。如烺讀若馰顙之馰是明證也。

爲狗

集解引虞翻注。狗作拘。謂屈言制物。故爲拘。拘舊作狗。上已爲狗。字之誤。

祖緜按。舊作狗。孟氏易也。作拘係虞氏擅改師法也。

爲黔喙之屬

說文。黔。十篇上黑部 黎也。从黑。今聲。秦謂民爲黔首。謂黑色。周謂之黎民。易曰。爲黔喙。

虞翻注伕。

爲巫

說文。祝。一篇下示部 祭主贊辭者。从示。从儿口。一曰从兌省。易曰。兌爲口。爲巫。

集解引虞翻注。乾爲神。兌爲通。與神通氣女。故爲巫。

爲羊

集解引虞翻注。羊作羔。羔女使。皆取位賤。故爲羔。舊讀以震駹爲龍。艮拘爲狗。兌恙爲羊。皆已見上。此爲再出。非孔子意也。震已爲長男。又言長子。謂以當繼世守宗廟主祭祀。故詳舉之。三女皆言長中少明女子各當外成。故別見之。此其大例也。

祖緜按。虞氏所謂舊讀。實孟氏家法也。王引之經義述聞云。羔爲羊子。書傳無訓女使是也。　先子謂男與子古无別。虞氏以長子三女再出。曲解爲釋此攷章之言象。取其可見之物。在孔子表而出之。何嘗訂定體裁。如乾天坤地震雷巽風。坎水離火艮山兌澤。皆再出也。乾君離日乾馬坤牛兌口。亦皆再出也。(中略)此象羊字。仍不如從兌爲羊之爲得也。虞氏擅改經文。　先子箴之是也。

說卦逸象

惠棟易漢學曰。荀九家逸象三十有一。見陸氏釋文。朱子采入本義。虞仲翔傳其家五世孟氏之易。八卦取象。十倍于九家。取象共三百三十一。張惠言虞氏義曰。蓋孟氏所傳也。

祖緜按。虞氏逸象。皆采諸卦爻十翼。未免過拘。孟氏家法然否。不可攷。

雜卦傳

釋文。引孟云。雜亂也。

孟氏易傳

祖緜按。漢書藝文志。孟氏京房十一篇。章句孟氏二篇。王應麟曰。釋文序錄云。孟喜章句十卷。京房章句十二卷。晁氏云。今其章句亡。乃略見於僧一行及李鼎祚之書。至二卷與十一卷。疑後人誤以章句易傳合而爲一矣。

王應麟困學紀聞朱新仲引一行易纂。孟喜序卦云。陰陽養萬物。必訟而成之。君臣養萬物亦而訟成之。

祖緜按。孟喜之序卦。與易之序卦傳。異此。疑孟氏易傳文。

正義引子夏傳云。雷以動之。風以散之。萬物皆益。孟僖亦與此同。

祖緜按。孟喜。正義作孟僖。列風雷益下。疑孟氏易傳中語也。

孟氏章句

祖緜按。唐一行太衍議及六卦曆議。云引孟氏章句。細按其文。非也。漢書儒林傳。孟喜得易候。候卽七十二候也。藝文志有孟喜京房災異。似候當在災異中。非章句也。

唐大衍曆議云。十二月卦。出于孟氏章句。其說易本於氣。而後人事明之。一行六卦議。引孟氏章句曰。自冬至初中孚用事。一月之策。九六七八。是爲三十。而卦以地六。候以天五。五六相成。消息一變。十有二變復初。坎離震兌二十四氣。次主一爻。其初則二至二分也。坎以陰包陽。故自北至。微陽動於下。升而未進。（按進一本作達誤）極于二月。凝涸之氣消。坎運終焉。春分出於震。始據萬物之元。爲主於內。則羣陰化而从之。極於南正。而豐大之變窮。震功究焉。離以陽包陰。故自南正。微陽生於地下。積而未章。至於八月。文明之質衰。離運終焉。仲秋陰形於兌。始循萬物之末。爲主於內。羣陰降而承之。極於北正。而天澤之施窮。兌功究焉。故陽七之靜始於坎。陽九之動始於震。陰九之靜始於離。陰六之動始於兌。故四象之變。皆兼六爻。而中節之應備矣。

祖緜按。此以坎離震兌爲方伯。坎冬離夏震春兌秋爲司令。一卦之變爲六。四卦之變爲二十四。卽二十四中氣是也。例如十一月中爲冬至。十二月節爲小寒。五月中爲夏至。六月節爲小暑是也。漢書儒林傳。謂孟氏得易家候。此卽候。又謂之卦氣。一行以爲章句。非也。唐時孟氏之書已佚。後人不能釐正。以孟氏之說。盡入章句中。爾至七十二候。一行李溉輩。皆以爲孟氏所傳。亦非也。其說在孟喜前者。有夏小正逸周書呂氏春秋十二紀。若云孟喜得之古籍則可。以爲出自孟氏則不可也。

說文偁易者言大要有數事。如易（九篇下。部首。）蜥易蝘蜓守宮也。象形。秘書說。日月爲易。象陰陽。一曰从勿。凡易之屬皆从易。

祖緜按。日月爲易。出參同契。虞翻注易字。亦云引參同契。日月爲易。許氏所偁秘書。疑參同契亦秘書之一種也。

說文。卦。（三篇下。卜部。）所以筮也。从卜。圭聲。

說文。筮。（五篇上。竹部。）易卦用筮也。从竹𢍰。𢍰古文筮字。

說文。爻。（三篇下。部首。）交也。象易六爻頭交也。

說文。豕。（九篇下。部首。）按今世字。誤以豕爲豕。以彖爲彖。何以明之。爲啄琢从豕。蠡从彖。皆取其聲。以是明之。

說文。𠧪。（三篇下。卜部。）易卦之上體也。商書曰。曰貞曰𠧪。

祖緜按。𠧪與悔吝之悔。古異。𠧪从卜悔。从心。今尚書左傳皆作悔。後人傳寫之誤也。悔。

說文。（十篇下。心部。）恨也。从心。每聲。與𠧪異。

說文。物。（二篇上。牛部。）萬物也。牛爲大物。天地之數。起於牽牛。故从牛。勿聲。

祖緜按。古時牽牛起於子。故天地之數起于牽牛。今則星移斗換。已在斗舍矣。

說文。風。（十三篇部首。）八風也。東方曰明庶風。東南曰清明風。南方曰景風。西南曰涼風。西方曰閶闔風。西北曰不周風。北方曰廣莫風。東北曰融風。从虫。凡聲。風動蟲生。故蟲八日而七。凡風之屬皆从風。

祖緜按。八風。起於易緯通卦驗。與八卦。名雖異而實同。春秋隱五年左氏傳。夫舞所以節八音而行八風。孔疏。八風八方之風。服虔以爲八卦之風。乾音石。其風不周。坎音革。其風廣漠。艮音匏。其風融。震音竹。其風明庶。巽音木。其風清明。離音絲。其風景。坤音土。其風涼。兌音金。其風閶闔。服許兩說。皆依卦位之次第。（按即宋人後天卦位。）服起於乾。依九宮也。許起於震。依說卦傳帝出乎震也。虫八日而七。大戴禮易本命篇。淮南子時則篇。孔子家語執轡解。皆曰二九十八。八主風。風爲蟲。故蟲八日而生。

說文。悴。（十篇下心部。）憂也。从心。卒聲。讀與易萃卦同。

後學　潘承弼　初校

男　延國　覆校

後學　徐復
弟子　屈懷白　再覆校

周易孟氏學補遺

杭縣沈祖緜瓞民撰

坤

陰疑於陽必戰

集解孟喜曰。陰乃上薄。疑似于陽。必與陽戰也。

祖緜按。說卦傳戰乎乾。乾西北之卦也。言陰陽相薄也。虞翻注曰。乾剛正。五月十五日。晨象西北。故西北之卦。薄入也。坤十月卦。乾消剝入坤。故陰陽相薄也。張惠言曰。說卦曰。戰乎乾。謂陰陽相薄也。坤上六兼有羣陽。與乾合體。戰而相薄。乃能北震。陰不與陽同盛。不能受化也。虞疑爲凝。坤注云。凝乾之元。與象傳陰始凝合。此虞發明孟氏之大者也。張氏之說誤也。虞氏注坤元亨利牝馬之貞云。謂陰極陽生。乾流坤形。坤含光大。凝乾之元。是指一卦言。非言上六龍戰于野。其血玄黃也。至陰疑于陽必戰。虞氏注佚。釋文疑荀虞姚信蜀才皆作凝。足徵孟氏不作凝也。且孟氏注用似字。益可信作疑不作凝也。

蒙

包蒙

李富孫周易集解補。引晁氏。苞孟京作彪。孟喜曰。彪文也。

集解引虞翻注。坤爲包。應五。據四。初與三四同體。包養四陰。故包蒙吉。

祖緜按。此李氏誤引。虞作包。若孟氏作彪。虞氏必云舊讀爲包者也。今虞氏未云。則可證孟亦作包也。釋文包作苞。鄭云苞當作彪。文也。晁氏曰京房陸績一行皆作彪。文也。是李氏以漢時孟京並稱。以京說爲孟說爾。

艮

厲熏心 見卷中二十五頁

漢上易傳。五。孟喜京房馬融王肅作熏。

祖緜按。虞翻本作閽。注。古閽作熏字。虞氏所謂古。與舊同。古是指孟喜本言也。

豐

遇其配主

漢上易傳。六。配者。陰陽相匹。孟氏鄭氏本作妃。嘉耦曰妃。妃媲也。亦匹配之意。

集解引虞翻注。妃嬪。謂四也。四失位。在震爲主。五動體遘遇。故遇其配主也。

祖緜按。孟虞義同。

巽

顨。說文。（五篇上。丌部。）巽也。从丌。从頭。此易顨卦。爲長女。爲風者。

繫辭下

於是始作八卦

集解引虞翻注。謂庖犧觀鳥獸之文。則天八卦效之。易有太極。是生兩儀。兩儀生四象。四象生八卦。八卦乃四象所生。非庖犧之所造也。故曰象者象此者也。則大人造爻象。以象天卦可知也。而讀易者。咸以爲庖犧之時。天未有八卦。恐失之矣。天垂象。示吉凶。聖人象之。則天已有八卦之象。

祖緜按。虞氏所謂咸。似傳施孟梁丘三家之說者。皆在其中矣。則孟氏亦以八卦非庖犧氏所造也。

刳木爲舟剡木爲楫

舟。說文。（八篇下。舟部。）船也。古者共鼓貨狄。刳木爲舟。刳木爲楫。以濟不通。象形。凡舟之屬皆从舟。

祖緜按。虞翻注佚。不能互證。說文雖未引易。而與繫辭同。山海經郭注云出世本。共鼓貨狄人名。

孟氏易傳

正義序引孟喜曰。易分上下二篇。

許氏偁易

棆。說文。六篇上。木部。說見卷上亢龍有悔條。

𢅥。說文。七篇下。巾部。說見卷上亢龍有悔條。

惢。說文。十篇下。部首。心疑也。从三心。聲讀若易旅瑣瑣。

後學　潘承弼　初校　男　延國　覆校　後學弟子　徐復　屈懷白　再覆校

孟氏易傳授攷

杭縣沈祖緜瓞民撰

昔孔子傳易於商瞿。

史記仲尼弟子列傳。商瞿。魯人。字子木。少孔子二十九歲。孔子傳易於瞿。又有若傳。商瞿年長無子。其母爲取室。孔子使之齊。瞿母請之。孔子曰。無憂。瞿年四十後。當有五丈夫子。已而果然。正義曰。家語云。瞿年三十八。無子。母欲更娶室。孔子曰。瞿年過四十。曾有五丈夫子。果然。中備云。魯人商瞿使向齊國。瞿年四十。今後使行遠路。畏慮恐絕無子。夫子正月與瞿母筮。告曰。後有五丈夫子。子貢曰。何以知。子曰。卦遇大畜。艮之二世。九二甲寅木爲世。立（按係九字之誤）。五景（按景即丙字）。子水爲應。世生外象。（按外象即外卦）。生象來爻生互內象。艮別子。應有五子。一子短命。顏回云。何以知之。內象是本子。一艮變爲二。醜（按醜四也）三。陽爻五。於是五子。一子短命。何以知短命。他以故也。

祖緜按。正義引中備。文有脫誤。中備易緯作辨終備。永樂大典本無其文。

又儒林列傳。自魯商瞿受易孔子。孔子卒。商瞿傳易六世。至齊人田何。索隱曰。案。商姓。瞿名。字子木。瞿音劬。漢紀成帝紀二同。

乾坤鑿度。孔子。附。仲尼。魯人生不知易本。偶筮得旅。請益於商瞿氏曰。子有聖智而無位。孔子泣而曰天也命也。鳳鳥不來。河無圖至。嗚呼天命之也。歎訖而後息志。停讀禮。止史削。五十究易作十翼明也。明易幾教若曰。終日而作思之於古聖頤。師於姬昌。法旦。作九問十惡。七正八歎。上下繫辭。大道大數大法大義。易書中爲通聖之問明者以爲聖賢矣。

祖縣按。乾坤鑿度此節。列舉庖氏媧皇氏炎帝黃帝公孫氏周易孔子。孔子之上僅有人名書名。惟孔子下則及商瞿事。並增附字。非正文可知。係後人附錄也。文有脫簡。史記孔子世家云。孔子晚而喜易。學易其在晚年矣。或附字疑字字之誤。孔子附仲尼。係孔子字仲尼也。又思之於古聖頤之頤字。頤係賢字

漢書儒林傳。自魯商瞿子木。受易孔子。顏師古曰。商瞿姓也。瞿音衢。

祖縣按。索隱。商姓。瞿名。小顏以商瞿爲姓。義兩岐。仲尼弟子列傳。商瞿。魯人。字子木。則索隱是也。

孔子家語七十二弟子解。商瞿。魯人。字子木。少孔子二十九歲。特好易。孔子傳之志焉。又梁鱣。年三十未有子。欲出其妻。商瞿曰。未也。昔吾年三十八無子。吾母爲吾更取室。夫子使吾之齊。母欲請留。夫子曰。無憂也。瞿過四十。當有五丈夫。今果然。吾恐子自晚生耳。未

必少女之過。從之。二年而有子。

瞿傳楚人馯臂子弘。

史記仲尼弟子列傳。馯。徐廣曰。音寒。正義曰。馯音汗。顏師古云。馯。姓也。說文(十篇上。馬部。)有駻無馯。駻。馬突也。从馬。旱聲。玉篇(二十三。馬部。)駻。馬突也。同馯。弘漢書及荀卿子皆云。字仲弓。此作弘。蓋誤也。應劭云。子弓。子夏門人。

祖緜按。漢書作商瞿授魯橋庇子庸。子庸授江東馯臂子弓。與史記異。荀悅漢紀成帝紀二與漢書同。荀氏家世治易。必有所據。

韓愈送王秀才文。荀卿之書。語聖人。必曰孔子子弓。子弓之事業不傳。惟太史公書弟子傳有姓名。字曰馯臂子弓。子弓受易於商瞿。

祖緜按。韓氏此說。更不可據。

弘傳江東矯子庸疵。

史記仲尼弟子列傳。正義曰。漢書作橋庇云。顏師古云。橋庇。字庸。漢紀成帝紀二。矯作橋。庇同漢書。

祖緜按。史記授受之次第。與漢書異。因馯臂橋庇二人。事蹟無可攷。無以證明。而二書敘二人產地亦異。庛。史記作疵。疵。爾雅釋詁。病也。說文。（七篇下。疒部。）解同。庛。爾雅釋言。廕也。說文。（九篇下。广部。）解同。庸。說文。（三篇下。用部。）用也。莊子齊物論。庸也者。用也。則庸義與疵不連屬。當作庛。庛也。庛爲比之孳乳。儀禮大射儀。遂比三耦注。比。選次之也。又鄉射禮。遂以比三耦于堂西注。比。選次其才相近者也。莊子人閒世。隱將芘其所藾。釋文。芘。崔本作比。詩雲漢箋。人庇廕其下者。釋文。庇本作芘。則庇與比芘古通。禮記。王制。必察大小之比以成之。注。已行故事曰比。蓋有庸義矣。春秋左氏昭十六年傳。庸次比耦。是可證庸比字。相連屬。史記作疵。疑後人所改。

疵傳燕人周子家豎。

史記。仲尼弟子列傳。正義曰。豎音時與反。周豎。字子家。漢書作周醜也。祖緜按。史記作豎。正義作豎。豎音通。說文。有豎無豎。豎。（三篇下。臤部。）堅立也。从臤。豆聲。而無豎字。且周禮冡宰內豎。掌內外之通令。王引之春秋名字解詁云。家猶內也。是也。

漢書儒林傳。子弓授燕周醜子家。荀悅漢紀成帝紀同。

豎傳湻于人光子乘羽。

史記仲尼弟子列傳。正義曰。光乘字羽。括地志。湻于國。在密州安丘縣東三十里。古之州國。武王封湻于國。

漢書儒林傳。作子家授東武孫虞子乘。荀悅漢紀成帝紀三同。

祖緜按。史記湻于漢書作東武。湻于今河南境。東武今山東境。相去甚遠。且光羽與孫虞。姓字又異。據漢書。疑子家所授者係光羽孫虞兩人也。

羽傳齊人田子莊何。

史記仲尼弟子傳正義曰。儒林傳田何。字子莊。

又儒林傳。漢興。言易自淄川田生。又曰。孔子卒。商瞿傳易六世至齊人田何。字子莊。

漢書儒林傳。子乘授田何子裝。荀悅漢紀成帝紀二同。儒林傳又曰。漢興言易自淄川田生。

祖緜按。莊改作裝。避明帝諱也。

祖緜又按。齊召南曰。案史記祇云。商瞿傳易。六世至田何。未嘗言六世姓字也。自橋庇子庸至孫虞子乘。皆班氏所補。齊說謬。齊氏僅見史記儒林傳。未見仲尼弟子列傳也。至商瞿傳易六世者。是商瞿至田何。宜以七世計之。今據史記漢書。商瞿至田何凡六世。中間脫一世。與史記孔子卒商瞿傳易六世至齊人田何句法不合。意者光羽與孫虞。實係二世。否則。終缺。一世。史記。仲尼弟子列傳注。正義曰。按商瞿至楊何。凡八代。其說似信筆也。

漢書儒林傳。及秦禁學。易爲筮卜之書。獨不禁。故傳受不絕也。漢興田何以齊田徙杜陵。號杜田生。師古曰。高祖用婁敬之言。徙關東大族。故何以舊齊田氏見徙也。初徙時未爲杜陵。蓋史家本其地。追言之也。又藝文志。及秦燔書。而易筮卜之事。傳者不絕。漢興田和傳之。

祖緜按。卜有二。曰龜卜。曰筮卜。易者。筮卜。與龜卜。絕不相同也。班氏言筮卜是也。作卜筮。是卜與筮是二。非一也。至易宜云筮卜之書。若云卜筮之書。則謬矣。田何。藝文志作田和。聲通。

皇甫謐高士傳。田何。字子莊。齊人也。自孔子授易。五傳至何。及秦禁書。以易爲卜筮之書獨不禁。故何傳之不絕。漢興。田何以齊諸田。徙杜陵。號曰杜田生。以易受弟子東武王同子仲。洛陽周王孫。丁寬。齊服生等。皆顯當世。惠帝時。何年老。家貧守道。不仕。帝親幸其廬以受業。爲易者宗。

祖緜按。史記商瞿傳易六世。至齊人田何。漢書同。皇甫謐作五世。與史記。漢書。相差一。

世矣。王同傳菑川人楊何。太史公談。曾受易於楊何。（劉師培司馬遷述周易義載國粹學報第三十九期）

何傳雒陽周王孫丁寬。

漢書儒林傳。漢興田何以齊田徙杜陵。田授東武王同子中。雒陽周王孫。丁寬。齊服生。皆著易傳數篇。又藝文志易傳周氏二篇。班固注。字王孫也。丁氏八篇。班固注。名寬字子襄。梁人也。

祖緜按。此敘孟氏授受源流。不書王同子中。及服生者。因王。服。二氏。與孟喜易說有別也。

漢書儒林傳。丁寬字子襄。梁人也。初梁項生從田何受易時寬爲項生從者。讀易精敏。才過項生。遂事何。學成。何謝寬。寬東歸。何謂門人曰。易以東矣。寬至雒陽。復從周王孫受古義。號周氏學。景帝時。寬爲梁孝王將軍。距吳楚。號丁將軍。作易說三萬言。訓故舉大誼而已。今小章句是也。寬授同郡碭田王孫。王孫授施讎。孟喜。梁丘賀。緜是易有施孟梁丘之學。

又藝文志。丁氏八篇。班固注。名寬。字子襄。梁人也。

後漢書儒林傳。田何傳易授丁寬。丁寬授田王孫。王孫授沛人施讎。東海孟喜。瑯邪梁丘賀。由是易有施孟梁丘之學。

寬復從同郡碭周王孫受古義。

周王孫事見前。又藝文志易傳周氏二篇。班固注。字王孫也。

丁寬授同郡碭田王孫。

祁縣按。田王孫見丁寬傳。

漢紀作槐里田王孫。

田王孫授孟喜。

漢書儒林傳。孟喜字長卿。東海蘭陵人也。父號孟卿。善爲禮春秋。授后蒼疏廣。世所傳后氏禮。疏氏春秋。皆出孟卿。孟卿以禮經多。春秋煩雜。迺使喜從田王孫受易。喜好自稱譽。得易家候陰陽災變書。詐言師田生且死時。枕喜膝。獨傳喜。諸儒以此耀之。同門梁丘賀疏通證明之曰。田生絕於施讎手中。時喜歸東海。安得此事。又蜀人趙賓好小數書。後爲易飾易文。以爲箕子明夷。陰陽氣亡箕子。箕子者。萬物方荄茲也。賓持論巧慧。易家不能難。皆曰非古法也。云受孟喜。喜爲名之。後賓死。莫能持其說。喜因不肯仞。以此不見信。喜舉孝廉。爲郎。曲臺署長。病免。爲丞相掾。博士缺。衆人薦喜。上聞喜改師法。遂不用喜。喜授同郡白光少子。沛翟牧子兄。皆爲博士。繇是有翟孟白之學。

祖緜按。孟喜與施讎梁丘賀雖同出田王孫之門。喜得易家候陰陽災異書。其學說已與田王孫不同矣。漢帝以喜改師法。是明證也。許愼五經異義引京孟說。有本乾鑿度者。乾鑿度候之一也。至箕子之說。喜在時已不肯仞。後人强欲附會。未免妄矣

又藝文志易經十二篇。施孟梁丘三家。易傳孟氏京房十一篇。災異孟氏京房六十六篇。章句施孟梁丘各二篇。

祖緜按。以藝文志攷之。不獨易傳孟與施梁丘異。卽經與章句亦不同也。

又劉歆傳。歆移書又曰。往者博士。書有歐陽。春秋公羊。易則施孟。然孝宣皇帝。猶廣立穀梁春秋。梁丘易。大小夏侯尙書。義則相反。猶並置之。

祖緜按。以劉氏移書證之。三家之易。義則各異也。

隋書經籍志。周易八卷。漢曲臺長孟喜章句。殘缺。梁十卷。又敍云。梁丘施氏。亡於西晉。孟氏京氏。有書無師。

釋文敍錄。喜爲易章句。授同郡白光。及沛翟牧。又曰。孟喜章句十卷。無上經。七錄云。又下經無旅至節。無上繫。

孟喜授同郡白光少子。翟牧子兄。

漢書儒林傳。京房受易梁人焦延壽。延壽云。嘗從孟喜問易。會喜死。房以延壽易。卽孟氏易。翟牧白生不肯。皆曰非也。劉向校書。考易說。以爲諸易家說皆祖田何楊叔丁將軍。大誼相同。唯京氏爲異黨。焦延壽獨得隱士之說。託之孟氏。不相與同。

其後授受之次第不可攷者。有梁竦。

後漢書。梁竦傳。竦字叔敬。少習孟氏易。弱冠能教授。

袁良。　袁安。（良孫）　袁京。（安子）　袁敞。（安子）　袁彭。（京子）　袁湯。（安子）

後漢書。袁安傳。安字邵公。汝南汝陽人也。祖父良。習京氏易。平帝時。舉明經。爲太子舍人。建武初。至成武令。安少傳良學。又曰。安子京。敞。最知名。京字仲譽。習孟氏易。作難言三十萬言。子彭。字伯楚。少傳父業。又曰。彭弟湯。字仲河。少傳家學。諸儒稱其節。又袁敞傳。敞字叔平。少傳易經教授。以父任爲太子舍人。

祖緜按。習孟氏易者。袁氏五世傳經。與虞氏同。虞氏易集解引用之夥。袁京難記。三十萬言。今欲求隻字亦不可得。集解注疏亦未輯錄。一語。豈其書已久佚耶。安傳上封事有云。由（太尉宋由）。秉（光祿勳耿秉）。實知舊議。而欲背棄先恩。夫言行君子之樞機。賞罰理之綱紀。

引易惟此而已。
祖縣又按畢沅傳經表。列袁閎。閎彭之孫也。閎本傳未言傳易經。待攷。

宗資。
後漢書黨錮列傳注。引謝承書曰。資少在京師習孟氏易。歐陽尙書。

徐淑。
後漢書徐璆傳。父淑。度遼將軍。有志於邊。注引謝承書曰。淑字伯進。寬裕博學。習孟氏易。春秋公羊傳。禮記。周官。善誦太公六韜。交接英雄。常有壯志。

洼丹。
後漢書儒林傳。洼丹。字子玉。（原注。風俗通注音圭。）南陽育陽人也。世傳孟氏易。王莽時常避世教授。專志不仕。徒衆數百人。建武初爲博士。十一年爲大鴻臚。作易通論七篇。世號洼君通。丹學義研深。易學宗之。稱爲大儒。

觟陽鴻。
後漢書。儒林洼丹傳。觟陽鴻。字孟孫。亦以孟氏易教授有名稱。永平中爲少府。

任安。

後漢書。儒林傳。任安。字定祖。廣漢緜竹人。少遊太學。受孟氏易。兼通數經。又從同郡楊厚。學圖讖。究極其術。時人稱曰。欲知仲桓問任安。又曰居今行古任定祖。學終還家。教授諸生。自遠而至。

蜀志秦宓傳注。益州耆舊傳。任安廣漢人。少事楊厚。究極圖籍。游覽京師。還家講授。與董扶。俱以學行齊名。

祖緜按。秦宓與任安習。宓傳屢及安事。宓亦言易。嘗引易曰。確乎其不可拔。又曰。書非史記周圖仲尼不采。又曰。是故天下貞觀日月貞明。又曰。僕文不能盡言言不能盡意。何文藻之有揚乎。又曰。虎生而文炳。又曰。河洛由文興。六經由文起。君子懿文德。采藻其何有。亦善易者也。惟確字孟作隺。秦作確也。

華陽國志。蜀志緜竹縣下。漢時任安定祖以儒學教。號侔洙泗。又廣漢士女傳。任安。字定祖。緜竹人也。家居教授弟子。自遠而至。察孝及茂才公府辟。公車徵。皆不詣。卒布衣。弟子杜微。何宗。杜瓊。皆名士。至卿佐。

高士傳。任安。字定祖。少好學。隱山。不營名利。時人稱任安曰任孔子。連辟不就。

杜微。

蜀志杜微傳。微字國輔。梓潼人也。少受學於廣漢任安。

華陽國志梓潼士女傳。杜微字國輔。涪人也。任安弟子。

杜瓊。

蜀志杜瓊傳。瓊字伯瑜。成都人也。少受學于任安。精究安術。（中略）譙周問曰。昔周徵君（按徵君名羣。有傳。）以爲當塗高者魏也。其義何也。瓊答曰。魏闕名也。當塗而高。聖人取類而言耳。又問周曰。寧復有所怪耶。周曰未達也。瓊又曰。古者名官職不言曹。始自漢已來。名官盡言曹吏。卒言侍曹。此殆天意也。

華陽國志蜀郡士女傳。杜瓊字伯瑜。成都人也。師事任安。粗通經緯術藝。爲太常。

何宗。

蜀志楊戲傳。季漢輔臣贊。何彥英注。彥英名宗。蜀郡郫人也。事廣漢任安學。精究安術。與杜瓊同師而名問過之。

華陽國志蜀都士女傳。何宗字彥英。郫縣人也。通經緯天官推步圖讖。知劉備應漢九世之運。讚立先主。爲大鴻臚。方授公職。

夏恭。　夏牙。（恭子）

後漢書文苑傳。恭字敬公。梁國蒙人也。習韓氏詩。孟氏易。講授門徒常千人。子牙。少習父業。

虞光　虞成子光　虞鳳子成　虞歆子鳳　虞翻子歆

北堂書鈔一百二卷。引會稽典錄。虞歆字文肅。歷郡守。節操高厲。魏曹植爲東阿王。東阿先有二十碑。銘多非實。植皆毀除之。以歆碑不虛。獨全焉。

吳書虞翻傳。翻字仲翔。會稽餘姚人也。(中略)翻與少府孔融書。并示以所著易注。融答書曰。聞延陵之理樂。按延陵事不可攷。覩吾子之治易。乃知東南之美者。非徒會稽之竹箭也。又觀象雲物。察應寒溫。原其禍福。與神合契。可謂探賾窮通者也。(中略)關羽既敗。權使翻筮之。得兌下坎上節。五爻變之臨。按節之臨。初爻四爻五爻皆變。五係三之誤。翻曰。不出三日。必當斷頭。果如翻言。權曰。卿不及伏羲。可與東方朔爲比矣。(中略)翻性疏直。數有酒失。權與張昭論及神仙。翻指昭曰。彼皆死人。而語神仙。世豈有仙人。權積怒非一。遂徙翻交州。雖處罪放。而講學不倦。門徒常數百人。

祁縣按。藝文類聚五十五。孔融荅虞仲翔書曰。示所著易傳。自商瞿以來。舛錯多矣。去聖彌遠。衆說騁辭。按吳志無騁字聞延陵之理樂。今按吳志無今字。覩吾子之治易。知按吳志知上有乃字。東南之美者。非徒會稽之竹箭也。又觀象雲物。察應寒溫。原其禍福。與神合契。可謂探索（按吳志索作賾）・旁（按吳志旁作窮）・通者已。（按吳志已作也）・方世清聖。上求賢者。梁丘以卦筮寧世。劉向以洪範昭名。想當來翔。追縱前烈。相見乃陳。不復多陳。

又裴松之注。引翻別傳。翻初立易注。奏上曰。臣聞六經之始。莫大陰陽。是以伏羲仰天縣象。而建八卦。觀變動六爻。爲六十四。以通神明。以類萬物。臣高祖父故零陵太守光。少治孟氏易。曾祖父故平輿令成。纘述其業。至臣祖父鳳。爲之最密。臣先考故日南太守歆。受本於鳳。最有舊書。世傳其業。至臣五世。前人通講。多玩章句。雖有秘說。於經疏闊。臣生遇世亂。長於軍旅。習經於枹鼓之間。講論於戎馬之上。蒙先師之說。依經立說。又臣郡吏陳桃。夢臣與道士相遇。放髮被鹿裘。布易六爻。撓其三以飲臣。臣乞盡吞之。道士言易道在天。三爻足矣。豈臣受命。應當知經。所覽諸家解。不離流俗。義有不當實。輒悉改定。以就其正。孔子曰。乾元用九而天下治。聖人南面。蓋取諸離。斯誠天子所宜協陰陽。致麟鳳之道。

祖緜按。此虞翻自述受易淵源。至陳桃夢見道士事。是虞氏从魏伯陽參同契。改定孟氏說也。此爲虞氏譔世之言。經典釋文易字引虞翻注。參同契云。字從日下月。此其明證也。魏居上虞。虞居餘姚。兩邑比連。其地勢。皆南境多山。北境瀕海。當時曹娥餘姚流域。兩岸皆海也。今其地名以堪塘爲多。則其昔日爲海可知。魏氏因潮汐往來而悟日。月與潮汐相繫之理。以甲乙丙丁等字以明之。猶今代數幾何之符號。附麗于卦位耳。經文上篇。謂晦朔之間。合符行中。混混洪濛。牝牡相從。滋液潤澤。施化流通。是指潮汐。無疑義也。徐景休云。坤乙三十日。蓋指大月建言也。錢大昕駁之。（按文在十駕齋養新錄卷一）僅言月體。而未明月與潮汐之理。黃宗羲引趙汝楳說。（按見易學象數論卷二。）以上下弦朔望。不能均平。而不知參同契僅言大月建。未言小建月也。魏氏是說之外。又及卦氣辟卦。惜文似啞謎。未肯盡洩其理。爾。漢時言易者。多居內地。無瀕海之人物。目未覩潮汐。虞氏所居。與魏氏不過數十里。當時海未成陸。一帆可達。虞氏習聞其說。（按今上虞人。雖婦孺猶知魏伯陽者。在漢時魏氏之高節。里人更知之尤詳。魏伯陽事。見神仙傳。又前數年至餘姚其北境瀕海者。較四十年前。又瀕百餘里。）遂以納甲證易。故虞氏奏言其父歆。最有舊書。是參同契。卽舊書之一也。水經注。沔水注云。江水又東逕赭山南。虞翻嘗登此山四望。誡子孫可居江北。世有祿位。居江南則不昌。今攷餘姚上虞二縣。居江北者。地沃而族多。居江南者。地瘠而民貧。不獨虞氏如此。他姓亦然。因地勢使然也。注。又引翻奏曰。經之大者。莫過於易。自漢初以來。海內英才。其讀易者。解之率少。至孝靈之際。潁川荀諝。號爲知易。臣得其注。有愈俗儒。至所說。西南得朋。東北喪朋。顚到反逆。了不可知。孔子歎易曰。知變化之道者。其知神之所爲乎。以美大衍四象之作。而上爲章首。尤可怪笑。又南郡太守馬融。名有俊才。其所解釋。復不及謂。孔子曰。可與共學。未可與適道。豈不其然。若乃北海鄭玄。南陽宋忠。雖各立注。忠小差玄而皆未得其門。難以示世。

隋書經籍志周易九卷。吳侍御史虞翻注。

釋文叙錄。周易虞翻注十卷。字仲翔。會稽餘姚人。後漢侍御史。

祖緜按。虞氏易。李鼎祚集解摭引至夥。其學賴此不墮。張惠言爲虞氏易九卷。本集解。然虞注散見各書者。搜集猶未盡也。如大明始終。及雲從龍。見漢上易叢說。朋盍哉、見釋文。志行正也。見義海撮要。二柔來而文剛。見漢上易叢說。虎視眈眈。見漢上易三。險且枕見晁氏。咸其輔見釋文。藩決不羸。若號。雉膏不食。見晁氏。覆公餗見釋文。其刑渥、見晁氏。歸妹見口訣義。豚魚吉見漢上叢說。及漢上易九六爻之動。三極之道也。見易稗傳小篇。凡三百有六十當期之日見漢上易叢說。因而重之見易輯聞。一八卦相錯見漢上易叢說。爲反生見釋文。幾二十則。虞注中稱舊說者。原孟氏易而改定者也。言納甲則從魏伯陽說。

又有易偁孟氏者爲許慎。

後漢書儒林傳。許愼。字叔重。汝南召陵人也。愼作說文解字注十四篇。敘云。其偁易孟氏。書孔氏。詩毛詩。禮周官。春秋左氏。論語。孝經。皆古文也。

祁緜按。漢書藝文志。劉向以中古文易經校施孟梁丘經。或脫去无咎悔亡。唯費氏經與古文同說者以爲孟氏係費氏之誤攷漢紀成帝紀二云費氏經與魯古文同荀氏家世治易其說差可信藝文志脫一魯字致讀者疑爲中古文爾今王弼本據費氏其字與許氏所偁異也

有本習孟氏易。後更受他氏者。爲蓋寬饒。

漢書儒林傳。韓嬰燕人也。(中略)燕趙閒言詩者由韓生。韓生亦以易授人。推易意而爲之傳。燕趙閒好詩。故其易微。唯韓氏自傳之。武帝時。嬰嘗與董仲舒論於上前。其人精悍。處事分明。仲舒不能難也。後其孫商爲博士。孝宣時。涿郡韓生其後也。以易徵待詔殿中。曰所受易。卽太傅所傳也。嘗受韓詩。不如韓氏易深。太傅故專傳之。司隸校尉蓋寬饒本受易於孟喜。見涿韓生而好之。卽更從受焉。藝文志易傳韓氏二篇。班固注。名嬰。又蓋寬饒傳。寬饒奏封事曰。方今聖道廢寖不行。以刑餘爲周召。以法律爲詩書。又引韓氏易傳言五帝官天下。三王家天下。家以傳子。官以傳賢。若四時之運。功成者去。不得其

人。則不居其位。

祖緜按。蓋覽饒奏封事。引韓氏易傳。爲更受之證。漢紀宣帝紀三。作易傳。無韓氏二字。

有授受梁丘易誤爲孟氏者。爲范升楊政。

後漢書。范升傳。升字辯卿。代郡人也。少孤。依外家居。九歲通論語。孝經。及長習梁丘易。老子。教授後生。又建武二年。光武徵詣懷宮。拜議郎。遷博士。上疏讓曰。臣與博士梁恭。山陽太守呂羌。俱修梁丘易。二臣竝者艾。經學深明。而臣不以時退。與恭竝立。深知羌學。又不能達。慙負二老。無顏於世。誦而不行。知而不言。不可開口。以爲人師。願推博士。以避恭羌。帝不許。由是重之。

又儒林傳。楊政。字子行。京兆人也。少好學。從代郡范升受梁丘易。善說經書。京師爲之語曰。說經硜硜楊子行。教授數百人。

祖緜按。觀兩傳。范升楊政。習梁丘易。非孟氏易。

又儒林傳。孫期傳。有曰。建武中。范升傳孟氏易。以授楊政。而陳元鄭衆。皆傳費氏易。其後馬融亦爲其傳。融授鄭玄。玄作易注。荀爽又作易傳。自是費氏興。而京氏遂衰。

祖緜按。范升傳孟氏易。以授楊政。范書先後矛盾。此說不足信也。

有未言受授。而可證習孟氏者。爲白子友。朱雲。嚴望。嚴元。

漢書朱雲傳。雲字游。魯人也。徙平陵。少時通輕俠。借客報仇。長八尺。容貌甚壯。以勇力聞。年四十。乃變節從博士白子友受易。又事蕭望之受論語。皆能傳其業。

祖緜按。孟氏易有翟孟白之學。白子友。疑白光少子之後。孟立學官後。白氏世爲博士也。

又雲傳。是時少府五鹿充宗貴幸。爲梁丘易。自宣帝時。善梁丘氏說。元帝好之。欲攷其異同。令充宗與諸易家論。充宗乘貴辯口。諸儒莫能與抗。皆稱疾不敢會。有薦雲者。召入攝齋登堂。抗首而請。音動左右。既論難。連拄五鹿君。故諸儒爲之語曰。五鹿嶽嶽。朱雲折其角。繇是爲博士。(中略)其教授。擇諸生。然後爲弟子。九江嚴望。及望兄子元。字仲能。傳雲學。皆爲博士。

祖緜按。施梁丘二家。少異同。惟孟氏得易家候陰陽災變書。雖同出一源。而派自異。折五鹿者。必習孟氏易。白子友朱雲嚴望嚴元。皆爲博士。當時列學宮者。施梁二家外。惟孟氏而已。可證雲習孟氏易也。

有散見羣籍中。而事不足徵者。有方儲。方儕。方儼。

畢沅通經攷。引姓譜。方儲字聖公。歙人。兄儕。弟儼，皆治孟氏易。

後學潘承弼初校　男延國覆校
後學徐復
弟子屈懷白　再覆校

周易孟氏學跋

漢志易孟氏京房十一篇。災異孟氏京房六十六篇。蓋孟氏別得易家候陰陽災變書。全祖望云。此卽魏相采以奏事者。見讀易別錄。詐言傳自田王孫。見漢書儒林傳。此孟氏初事田生。後習易候。易候卽七十二候。見夏小正。逸周書時訓解。呂氏春秋十二紀。禮記月令。淮南時則訓。所以爲詐者。漢師家法甚嚴。陰陽災變不出于經師。四庫提要云。陰陽災異之說。始于孟喜。別得書而託之田王孫。焦延壽又別得書而託之孟喜。其源實不出于經師。不容相混也。嚴可均謂漢時孟氏易說無專行本。僅見京氏易中。後人從京易中取出。見鐵橋漫稿京氏易輯本序。此說未妥。漢志有孟氏章句二篇。可證嚴說之誤。張惠言謂是京氏注孟。見易義別錄。於義似塙。疑京氏據孟。並注其所自得者也。漢志京氏段嘉十二篇。亦疑嘉注京也。又孟氏章句二篇。攷隋志周易八卷。漢曲臺長孟喜章句。殘闕。釋文敍錄孟喜章句十卷。無上經。七錄云。又下經無旅至節。無上繫。按八卷十卷之數。與漢志異。疑漢志所稱二篇。無經文。後人附益。乃有十卷之數。且有脫簡。蓋永嘉之亂。梁邱施氏並亡。孟氏京氏有書無師。見隋書經籍志。唐時其書尚存。唐書經籍志。周易十卷。孟喜章句。唐書藝文志同。至宋併章句而亡之。宋志不載。雖然。孟氏佚文散見於他書者。若說文。五經異義。釋文。正義。李氏集解。唐書歷志。漢上易傳。漢上易叢說。及晁氏易諸書所引。尚可以得其大義。(趙振芳易原，亦引孟氏易，但不知其所從出。)近代從事蒐輯者。有惠棟孟長卿易二卷。(見易漢學。)張惠言周易孟氏。(見易義別錄。)孫堂孟喜周易章句一卷。(見漢魏二十一家易注本。)王謨孟氏輯本。(見漢魏遺書鈔。)及馬國翰孟氏章句三卷。(見玉函山房輯佚叢書。)然皆未能周浹。不足以辨異同。正是非也。如惠氏之書。始爲繪圖。並集先儒之說以證之。譽之者乃謂易學淵微。賴以不泯。其實惠氏好逞臆肊。以奪舊說。牴牾紕繆。往往而有。(阮元十三經注疏校勘記序，謂惠氏改字，多有似是而非者。臧庸拜經日記論惠氏私改李鼎祚周易集解云：其異者，皆惠所私改，向爲所欺，至今始覺。意當世必有同受病者，不敢不爲告也。先大父著易漢學正誤，亦詳言惠氏之失，載中華書局中國語文學研究中。)又好術士之言。附會經說。其所徵引諸家。多有不關孟氏者。是不能闡明。反爲淆惑爾。七十二候肇自先秦。而云始於孟氏。何其陋也。張氏之書。僅輯佚文。(凡所據有說文，五經異義，釋文，正義，李氏集解，唐書歷志，一行易纂，漢上易傳，晁氏易，及困學紀聞，朱新仲說，（亦見程迥古占法。）)亦未能備。所取自說文者。尙不及其半。攷訂亦不能詳。殆非皋文精心之作也。孫氏據說文序云易偁孟氏。以爲許君所引皆孟氏易。彙而編之。亦攷古者所不廢。然許君亦間采別家。不必盡據孟氏。故有兩引而異者。孫氏不能別擇。盡爲輯錄。此其病也。王氏亦輯佚文。(其敍錄云，今抄出說文二十五條，釋文十一條，集解二條，詩正義一條，禮記疏二條。)其失與張氏相若。馬氏竹吾輯佚甚勤。勝於其餘諸家。然虞翻世傳孟易。(見本傳。張惠言云，虞，孟易也。見周易鄭荀義。)以虞氏間存孟義則可。盡爲孟學則誤。(張氏

（又云。孟氏之義。則惟虞氏注說其大較也。然虞氏雖傳孟學。亦斟酌其意。不必盡同。蓋古人之學。傳業世精。非苟為稱述而已。此說近當。）此由虞氏先治孟易。後得參同契。遂擅改師法。（如虞氏說易从日下月。與參同契日月為易義合。且說文引日月為易。乃祕書說。可證非孟氏易。）以旁通納甲取象。（如震先庚三日。集解引虞注云。震庚也。即納甲震納庚。此虞引宗參同契也。）則拾取參同契之唾餘。非宗孟氏明矣。是故虞氏引舊作某者。蓋取諸孟氏。（坎祇既平。集解引虞注。坎為平。禔安也。艮止坤安。故禔既平。與說文禔安也。易曰。禔既平。義同。損已事遄往。集解引虞注舊作已。與說文易曰已事遄往。義合。益。益偏辭也。釋文引孟。集解引虞。皆作偏。此皆孟氏家法也。又如大過。婦得士夫。集解引虞注。舊說以初為女妻。所謂舊說。實孟氏學也。）若以虞作某者。即為孟易。斯謬矣。（如豫。朋盍戠。釋文簪虞戠。叢合也。咸。滕口說也。釋文虞作媵。竹吾以虞作某。即孟易。輯入孟氏章句。殊誤。又如大壯。羸其角。釋文羸鄭虞作纍。竹吾輯入亦誤。蓋釋文凡孟說與衆本異者。必標孟作某。此云鄭虞作某。是虞鄭與衆本異。非孟易明矣。）竹吾不察。以虞易即是孟學。致孟虞之說。往往淆雜。他若有說文未嘗引易。而竹吾强附之者。（豫。盱。說文張目也。竹吾輯入誤矣。頤。其欲逐逐。竹吾以釋文劉作跾。輯入孟氏章句亦誤。此釋文引說文式六反。正其音。非孟氏易也。損。二簋可用亨。竹吾引說文簋黍稷方器也。說文未嘗引易。不當輯入也。）有誤引他家之易。而以為孟氏者。（竹吾輯蔡邕荅詔問八事。此非孟氏易。乃京氏學也。）有衆說並同。而竹吾獨誤者。（萃。萃如嗟如。竹吾引集解虞注。嗟作磋。其實虞亦作嗟。是竹吾誤引。）皆其失也。若夫唐一行太衍曆議及六卦議。亦引孟氏章句。按其文義。乃易候之說。（張惠言云。當是說卦章句。以卦議不言引章句文。或是一行約義。故退在後而錄之。此說非是。）時孟學式微。學者不察。誤入章句。惠張大儒。尚猶未能釐正。固不能獨責竹吾矣。

家大人偏觀衆家之作。審知其誤。更撰周易孟氏學三卷。補遺一卷。孟氏易傳授攷一卷。凡所徵引。皆取善本。一字之正。衡之全易。所錄說文諸條。釐別獨精。若坤之龍戰於野。豫之朋盍戠。夬之莧陸夬夬。豐之闃其无人。前人所不爲攷覈者。咸繁徵博引。以通其說。然訓釋非難。觀其會通則難。故又下取虞氏。逐條比較。俾孟虞之說。若淄澠之有辨焉。延國夙承庭訓。服習韋編。新著初成。奉命校錄。爰略述孟易之原委。以明作書之大恉云爾。民國二十五年十一月男延國敬識

書名：《周易孟氏學》《周易孟氏學遺補》《孟氏易傳授考》合刊
系列：心一堂・易學經典文庫
原著：沈瓞民
主編・責任編輯：陳劍聰

出版：心一堂有限公司
通訊地址：香港九龍旺角彌敦道六一〇號荷李活商業中心十八樓〇五一〇六室
深港讀者服務中心：中國深圳市羅湖區立新路六號羅湖商業大厦負一層〇〇八室
電話號碼：(852) 67150840
網址：publish.sunyata.cc
淘宝店地址：https://shop210782774.taobao.com
微店地址：https://weidian.com/s/1212826297
臉書：https://www.facebook.com/sunyatabook
讀者論壇：http://bbs.sunyata.cc

香港發行：香港聯合書刊物流有限公司
地址：香港新界大埔汀麗路36號中華商務印刷大廈3樓
電話號碼：(852) 2150-2100
傳真號碼：(852) 2407-3062
電郵：info@suplogistics.com.hk

台灣發行：秀威資訊科技股份有限公司
地址：台灣台北市內湖區瑞光路七十六巷六十五號一樓
電話號碼：+886-2-2796-3638
傳真號碼：+886-2-2796-1377
網絡書店：www.bodbooks.com.tw
心一堂台灣國家書店讀者服務中心：
地址：台灣台北市中山區松江路二〇九號1樓
電話號碼：+886-2-2518-0207
傳真號碼：+886-2-2518-0778
網址：http://www.govbooks.com.tw

中國大陸發行　零售：深圳心一堂文化傳播有限公司
深圳地址：深圳市羅湖區立新路六號羅湖商業大厦負一層008室
電話號碼：(86)0755-82224934

版次：二零一八年十一月初版
裝訂：平裝

定價：港幣　一百二十元正
　　　新台幣　四百六十八元正

國際書號 ISBN 978-988-8582-01-3

心一堂微店二維碼

心一堂淘寶店二維碼